企鹅人生

PENGUIN
LIVES

伍尔夫

〔英〕奈杰尔·尼科尔森 著

王璐 译

Virginia Woolf

生活·讀書·新知 三联书店

献给乔安妮·特劳特曼·班克斯

目　录

第一章

童年的弗吉尼亚·伍尔夫（Virginia Woolf）非常喜欢捉蝴蝶和飞蛾。她和兄弟姐妹们一起往树干上抹糖浆，等着虫子上钩，然后捉住它们，把虫子们的翅膀展开钉在软木板上。这个爱好一直到她成年都没有改变，所以当她发现我也喜欢抓虫子的时候，就坚持要我和她两个人一起去朗巴恩（Long Barn）附近的田野里捉虫子，那是我们在肯特郡（Kent）的家，离我母亲的出生地诺尔（Knole）大约两英里。那年我九岁。

一个夏日的午后，当弗吉尼亚和我正徒劳地用网子扫过高高的杂草时，她突然停了下来，就像土著人靠在长矛上那样倚在她的竹杖上，然后问我："做小孩子是什么感觉？"我吓了一跳，回答她说："弗吉尼亚，你应该知道那是什么感觉。你也曾经是个小孩。可是我却不知道做你们大人是什么感觉，因为我还没长大呢。"这是唯一一次我在我们的谈话中占了上风。

我知道她问我这个问题，是为了给她当时正在创作的《到灯塔去》（*To the Lighthouse*）中的詹姆斯收集人物原型，而詹姆斯差不多正好是我的年纪。她告诉我回想她自己的童年没什么用处，因为小女孩和小男孩不一样。"那你做小孩子的时候开心吗？"我问她。

当时她怎么回答的我记不清了，但是我想现在我知道答案，因为她的童年和青年生活记载得非常详细。她人生的这两个阶段与其说是不开心，不如说是困扰不堪。弗吉尼亚的母亲在她十三岁的时候去世了，她十五岁时，同母异父的姐姐也去世了，二十二岁时失去了父亲，到两年后哥哥索比（Thoby）也离开了她，而另一个同父异母的姐姐则精神失常了。弗吉尼亚自己在年幼时，也曾饱受间歇性抑郁症和狂躁症的摧残。她甚至遭到同母异父的两个哥哥的性侵犯，而那时她年纪还小，根本不明白发生了什么。这一连串的灾难本可以就此击溃一个年轻人，但是她勇敢、坚韧而又积极。那些当时的信件和日记告诉我们，她的人生步入了正轨，而且尽管对社交毫不在意，她在与朋友交往方面却有着独特的天分，而且她很早就产生了将生活中的点点滴滴转化成文字的创作欲望。这些记载要比她后来的回忆录可信得多。也正是在那一次我们一起捉蝴蝶时，她对我说："任何事情直到它们被记录下来才算是真正地发生过。所以你必须给你的家人和朋友写很多很多的信，还要养成记日记的习惯。"记录能够抚平伤痛，也能倍增欢乐。

1882 年 1 月 25 日，弗吉尼亚出生于伦敦，她是莱斯利·斯蒂芬（Leslie Stephen）和朱莉娅·杰克逊（Julia Jackson）的第三个孩子。父母亲都各自结过一次婚，而且都把上次婚姻中的孩子带进了这个家。还是用谱系图来描述他们复杂的家族关系要简单明了一些，括号中的数字是每个人在1895年（也就是朱莉娅去世时）的年纪。

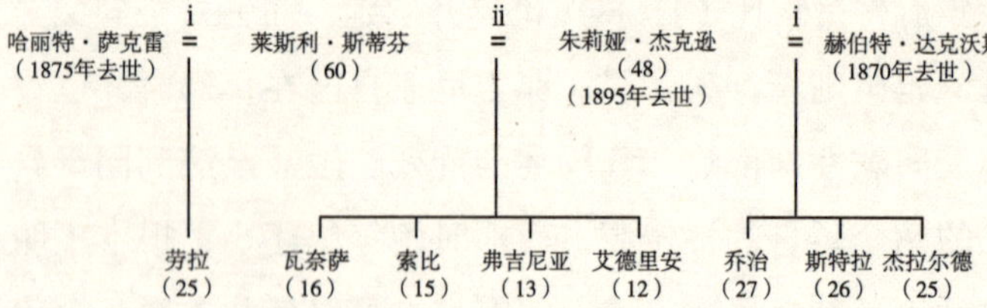

劳拉（Laura）就是那个心智发育不健全的孩子，莱斯利对她一直缺乏关爱。在朱莉娅去世后，他就把劳拉送进了精神病院，她一直生活在那里直至七十五岁去世。莱斯利的第一任妻子是著名作家威廉·萨克雷（William Thackeray）[1]的女儿，朱莉娅的第一任丈夫赫伯特·达科沃斯（Herbert Duckworth）是一名英俊的律师。莱斯利和朱莉娅各自的第一任配偶在弗吉尼亚的人生中都没有扮

① 威廉·萨克雷（1811—1863）：英国现实主义小说家，作品多讽刺上层社会，主要作品有长篇小说《名利场》《潘登尼斯》，历史小说《亨利·埃斯蒙德》及散文集《势利人脸谱》。——书中所有脚注均为译者注。

演什么重要的角色，但是他们的英年早逝，还有费希尔（Fisher）和沃恩（Vaughan）两家的堂兄表姐们，却对她产生了深刻的影响。弗吉尼亚生长于一个大家族，这些家庭成员，或长期或短暂地在她的生活中扮演了亲疏不同的角色。沃恩家的艾玛和玛奇——《达洛维夫人》（*Mrs. Dalloway*）中萨莉的原型——是她最早的朋友，但她们之间的友情并没有维持很长时间。

在弗吉尼亚的童年中最举足轻重的人是她的父母、姐姐瓦奈萨（Vanessa）和哥哥索比。弗吉尼亚的外祖父约翰·杰克逊（John Jackson）是医生，大部分时间都在加尔各答行医，她的母亲则继承了外祖母玛丽亚·帕特尔（Maria Pattle）的美丽，一直是同龄女孩中最出众的一个。

朱莉娅年轻时给很多人做过模特，如沃茨（Watts）、伯恩－琼斯（Burne-Jones）[①]和她的姨妈——摄影师朱莉娅·卡梅伦（Julia Margaret Cameron）[②]。卡梅伦姨妈为朱莉娅拍摄了一张具有明显前拉斐尔派风格的面容忧郁的肖

① 伯恩－琼斯（1833—1898）：英国画家、工艺设计家，新拉斐尔前派最重要的画家之一，设计过金属、石膏等浮雕和挂毯图案，代表作有油画《创世》《国王与乞食少女》《维纳斯的镜子》等。

② 朱莉娅·卡梅伦（1815—1879）：英国摄影家，因为拍摄当时的名人肖像而著名。

像照。照片中的朱莉娅和女儿弗吉尼亚一样，典雅端庄却并不楚楚动人。这些肖像让人印象最深的莫过于朱莉娅的凝视中那股平静的力量，如同在表露这样的态度：人生是一场对品格不断的试练，她总会成功地通过这些考验。之所以会产生这样的印象，可能要归于早期的摄影术所需保持的那种完全静止的状态，因为一个人如果保持微笑太久难免会显得表情僵硬而不真实。小说《到灯塔去》中的拉姆齐太太就是朱莉娅的翻版。通过她，弗吉尼亚向我们展示了母亲性格的另一面：思维敏捷、坚决果断、对愚蠢的事会不耐烦，虽然性子急容易生气但从来不会伤害别人。在1907年的回忆录中，弗吉尼亚这样描述她的父母：“即便在我们的眼中，他们的姿态也总是那么优雅，凝望彼此时，他们眼中满是不可言说的快乐”。莱斯利尊敬朱莉娅，而她用自己的顺从掌控了他。从某种意义上说，她是两人中更强势的那一个，默默地主导全局。

但莱斯利并不怯懦。他的父亲詹姆斯·斯蒂芬爵士（Sir James Stephen）是身居高位的公务员，后来又做了历史教授。莱斯利从羞涩腼腆的男孩儿长大成为一个足以让人敬畏的男人，一个性格坚强的登山爱好者。年轻时他被委任为牧师，但之后他放弃了自己的信仰，离

1902年，二十岁的弗吉尼亚·伍尔夫。这幅工作室照片由乔治·贝雷斯福德（George Beresford）拍摄。与母亲一样，弗吉尼亚“典雅端庄却并不楚楚动人”。

开剑桥来到伦敦。在这里他谋得了文学和政治记者的职位，并成为举足轻重的知识分子，《大英传记辞典》(*The Dictionary of National Biography*)[①]的创始人和第一任编辑。他广交艺术名流，和梅瑞狄斯(Meredith)[②]、亨利·詹姆斯(Henry James)[③]、丁尼生(Tennyson)[④]、马修·阿诺德(Matthew Arnold)[⑤]、乔治·艾略特(George Eliot)[⑥]都是朋友。童年的弗吉尼亚在物质上过着舒适的中上阶层生活，在精神上也丝毫不逊色，深受家庭熏陶。他们的家位于海德公园门22号，是肯辛顿(Kensington)的高档住宅区。

---

① 英国历史知名人物的标准化工具书，从1885年开始出版。莱斯利·斯蒂芬是第一任编辑，1891年辞去编辑一职。更新版的《牛津大英传记辞典》于2004年9月23日出版了六十卷本，同时有在线版本。

② 梅瑞狄斯(1828—1909)：英国小说家、诗人，擅长人物心理刻画，其内心独白技巧为意识流先导，主要作品有长篇小说《利己主义者》，诗作《现代爱情》等。

③ 亨利·詹姆斯(1843—1916)：美国小说家、评论家，晚年入英国籍，主要作品有长篇小说《一位女士的画像》《鸽翼》，文学评论《小说的艺术》等。

④ 阿尔弗雷德·丁尼生(1809—1892)：英国诗人，重视诗的形式完美，音韵和谐，词藻华丽，被封为桂冠诗人，主要诗作有《夏洛蒂小姐》《尤利西斯》，组诗《悼念》《国王叙述诗》等。

⑤ 马修·阿诺德(1822—1888)：英国维多利亚时代的诗人和评论家，主要诗作有抒情诗集《多佛滩》，叙述诗《邵莱布和罗斯托》及论著《文化与无政府状态》等。

⑥ 乔治·艾略特(1819—1880)：英国女作家，原名玛丽·安·埃文斯，开创了现代小说通常采用的心理分析的创作方式，代表作有长篇小说《弗洛斯河上的磨坊》《米德尔玛契》等。

家里请了七个佣人来照料，全部听朱莉娅差遣。弗吉尼亚和瓦奈萨在她们1891年创立并维持四年之久的周刊《海德公园门新闻》（*Hyde Park Gate News*）中，描绘了一个其乐融融、才华横溢并且风趣幽默的家庭，在这里家人之间的深厚感情缓和了冲突与分歧。年长的家庭成员支持年幼的，而年幼的也给年长的带来欢乐。弗吉尼亚很早就展示出文学上的天分。当她只有六七岁时，就给母亲写了这样一封信（最早作为乔安妮·班克斯《意气相投的朋友》[*Congenial Spirits*] 一书的序言发表）：

> 普林塞普太太说她只会坐慢车因为所有的快车都会发生事故，而且她给我们讲了个故事：一位七十岁的老人把他的腿下(卡)[①]在火车轮子里了，然后火车开动了，这位老先生就这么被火车拖着走直到火车者（着）了火。他大声呼喊想找个人把他的腿砍掉，可是一直没有人过来救他，最后老先生整个被烧焦了。再见。爱你的弗吉尼亚。

① 因为写这封信时弗吉尼亚年纪尚小，她将“caught”误拼作“caute”。

传言莱斯利对孩子们毫不关心，还常常乱发脾气，不过从他写给朱莉娅的信（现存放于纽约公共图书馆的伯格藏品中）中反复提到孩子们可以看出，这肯定不是真的。他称孩子们是他的小话痨，还特别把弗吉尼亚唤作吉尼娅（Ginia）：“亲吻我的小话痨和吉尼娅。再没有比他们更好的孩子了。”“小吉尼娅俨然是个小可人儿了。今天我说我必须要下楼去工作，她窝在我旁边的沙发里，小小的身子紧紧地贴着我，然后她抬起头，那双明亮的大眼睛透过乱蓬蓬的头发眨也不眨地看着我说：‘爸爸，不要走嘛’。她看上去那么调皮。我可从来没有见过这么顽皮的小捣蛋鬼。”“我可爱的小吉尼娅，她回来了我真是太高兴了。”“我爱我所有的小可爱们，特别是我的吉尼娅。这一整天我都在想她。”“吉尼娅每天晚上都要给我讲一个故事。”弗吉尼亚十一岁的时候，他写道：“昨天我和她讨论了国王乔治三世（George Ⅲ）[1]。她领会了不少，假以时日她真的会成为一名作家。”

---

① 乔治三世（1738—1830）：英国国王，1760 年至 1820 年在位期间一力扩张英帝国势力，发展商业，对北美殖民地实行高压政策，导致北美独立战争爆发，1811 年精神失常后由其子摄政。

他们在康沃尔郡（Cornwall）的圣埃夫斯（St. Ives）度假，莱斯利租下了托兰德（Talland）的房子。这一租就是十三个夏天，直到朱莉娅去世。莱斯利不是特别喜欢海边，很奇怪这个一向节省的人会选择这里度假，因为康沃尔离伦敦路途遥远，这一大家子和佣人们的交通费用相当可观。从长途旅行的疲惫中休息过来之后，孩子们在那里非常快活，而莱斯利也展现出他最温柔的一面：他很放松，对孩子们充满了父爱。在弗吉尼亚去世两年前，她曾写道："圣埃夫斯给了我全部纯粹的快乐，甚至此时此刻，在那里度过的日子我仍历历在目。"对孩子们来说在圣埃夫斯的每一天都是新奇的——徒步行走、游泳、划船、购物，在屋里屋外做游戏。在一张摄于康沃尔的孩子们打板球的照片上，六岁的弗吉尼亚看起来就像个体格健壮的假小子，当时她正全神贯注地守门，而艾德里安（Adrian）在击球。之后发生了一件事情，多年后成为弗吉尼亚最受喜爱的一部小说中的情节。她把这件事也记在了《海德公园门新闻》里："没有允许他去，艾德里安·斯蒂芬大人失望极了。"说的是那次去圣埃夫斯海滩上戈德里维灯塔的旅行。

朱莉娅去世后，所有人的生活都改变了。他们无法在宗教中寻求慰藉。弗吉尼亚的父母都是无神论者。尽管孩子们都有“教父母”，但没有一个孩子受过洗礼。丧妻的深切悲痛和潮水般涌来海德公园门家中致哀的亲友们令莱斯利精疲力竭。他们那过度泛滥的同情和怜悯把他整个人都吞没了，让他窒息。他会在吃饭时大声喊叫。斯特拉（Stella）扛起了照看全家的责任，而每周当她把家里一星期的花销账单拿给父亲的时候，就会听到喋喋不休的指责和抱怨。“他一度陷于极度戏剧化的自哀自怜之中，”弗吉尼亚在之后的回忆录中写道，“他瘫坐在椅子上，把头埋在胸前。终于，在扫了一眼书之后，他会抬起头，伤心地说：‘那么你今天下午要做什么，吉妮？’我从来都没有觉得这么生气和挫败过。”

莱斯利正在逐渐失去孩子们对他的爱。他们感觉受到了父亲的监禁。男孩子可以去学校上学暂时躲开他，女孩子却只能被困在家里。斯特拉和杰克·希尔斯（Jack Hills）陷入爱河的时候，莱斯利的态度和《爱玛》（*Emma*）里的伍德豪斯先生简直如出一辙，满脑子想的只是今后自己会再也没有她的陪伴和帮助。而在斯特拉婚后，他唯一的慰藉是女儿女婿就租住在街对面的房子里。婚后仅仅三个月，斯特拉就因为腹膜炎不幸病逝，而莱斯利看起来也不是特别的在意。他悲痛的能力似乎已经被朱莉娅的死全部耗尽了，再加上瓦奈萨可以接管全部家务，而她也的确照做了，很不情愿。

长大以后，弗吉尼亚有时候会抱怨她被剥夺了受教育的权利，而家里的男孩子去上学却天经地义。但是她的这些抗议，既前后不一也有失公允。弗吉尼亚中年时有一次写信给维塔·萨克维尔－韦斯特（Vita Sackville-West），后者曾指责弗吉尼亚身上缺乏市井之趣，而这恰恰是她从没有机会去沾染的。她这样写道："想想我是怎么长大的！不能去上学，独自陷在我父亲的书堆里过日子；从来没有机会体验学校里发生的一切——扔球玩耍，瞎开玩笑，说粗话，大吵大闹，举止粗野，争风吃醋。"可是即便她不是与兄弟姐妹而是女同学们一起经历了这些，她就能成为一个截然不同、更谙于世故的人吗？至于大学，她发现那里的学究们毫无生气，乏味之极。1907年她二十五岁时去了牛津，她形容那里的氛围是"我所知道的最寒冷最没有人性的地方。你看见人头攒动就像许许多多漂浮的海葵，但是他们既不成形状又没有颜色"。两年后，她再次前往牛津，"晚餐时有牛津的钦定讲座教授，还有得了很多奖却因此连话都不会说的大学生”。《岁月》（*The Years*）中描写牛津的那一章，她绝妙地嘲讽了大学生活。她说要是她上了大学，早就被它吸干了。实际上，家里也不是不给钱供她上学。莱斯利向她开放自己丰富的藏书，和她讨论她阅读的作品并且鼓励她从事写作。每每在这些时刻，她总能感到父亲抚平了她躁动的心，激发出了她创造的灵感，而她也深深地爱着父亲——他不谙世故却才华横溢，又是那么的可亲可爱。他付钱让她师从珍妮特·凯斯（Janet Case）学习希腊语，跟随乔治·沃尔（George Warr）博士（被弗吉尼亚称作“我最爱的沃尔”）学习拉丁语。每天瓦奈萨离家去艺术学院的时候，弗吉尼亚就会独自待在屋子顶层，用一本希腊语字典逐字逐句地刻苦研读荷马和索福克勒斯（Sophocles）[①]的作品，下决心要成为一名作家。

通过写散文和记日记，当然更多的是通过给家人和朋友写信，弗吉尼亚发现了挖掘语言的宝藏来表达确切想法的乐趣。她经常给哥哥索比写信，先是寄到学校后来寄到剑桥。而索比竟然能保留这些信件，一个还在上学的男孩儿能做到这一点真是令人惊奇。不像我，弗吉

---

① 索福克勒斯（约公元前 496—前 406）：古希腊三大悲剧作家之一，一生共创作一百二十三部剧本，传世剧作有《埃阿斯》《安提戈涅》《俄狄浦斯王》等七部作品。

尼亚在我上学的时候给我写的信，我一封也没能留下。她有一种自我嘲弄和嘲笑他人的天分，就好像简·奥斯丁（Jane Austen）在滑稽讽刺作品中对青年男女的描绘，对伍尔夫来说，表达不赞同比赞同更有吸引力，当然是通过毫无恶意的方式。如果没有莱斯利时不时的脾气发作，伦敦还是很好玩的，乡下也是一样。1899年在亨廷登郡（Huntingdonshire）度假时，弗吉尼亚给艾玛·沃恩写信："我觉得要把是否会喜欢沼泽地作为对我未来朋友的测试。我想整天读关于它的书，然后为它写十四行诗。这是人生全部快乐的唯一所在，在这里心灵和身体可以得到休息，人心可以得到满足，还可以享用奶油拌土豆。"

弗吉尼亚在磨炼自己观察入微的秉赋。与那些怪异的事相比，她更感兴趣的是正常事物中的难解之谜。她几乎不需要传统教育。在历史和文学的世界里，她为自己充当向导。弗吉尼亚终生都在学习。

她童年的另一面则比较黑暗。她两个同母异父的哥哥，乔治（George）和杰拉尔德·达科沃斯（Gerald Duckworth）一开始是出于好奇，后来则是因为欲望，把弗吉尼亚和瓦奈萨当作性玩物。弗吉尼亚曾回忆有一次在圣埃夫斯时，杰拉尔德是如何把她拎到桌子上然后好奇地把手伸到她裙子下面探查她的私处。弗吉尼亚对于自己的身体总是异常的羞怯，杰拉尔德这样的举动让她深深地厌恶。她永远都无法忘记这一幕。除此之外，她没有再指责杰拉尔德有其他的猥亵行为。乔治则变成了怪兽。朱莉娅去世后，他进入弗吉尼亚的卧室，扑到她的床上，用胳膊抱住她。后来弗吉尼亚曾写到乔治“猛烈狂风般的激情”，还说他的举动“比野兽好不到哪里去”。这都暗示杰拉尔德和弗吉尼亚姐妹发生过乱伦性关系或者至少试图这么做过，而这也是弗吉尼亚的外甥昆汀·贝尔（Quentin Bell）在第一次写到这些事件时的看法。在描写姨妈生平的首部作品的索引中，他用“乱伦关系”一词来为他们二人总结。其他的弗吉尼亚传记作家也都提到了这个主题。大家认为乔治的行为造成了弗吉尼亚对性的恐惧甚至导致了她间歇发作的精神崩溃。美国的伍尔夫学者路易丝·德·萨尔沃（Louise de Salvo）声称“性侵犯很可能是她早年生活的中心和最影响她身心发展的特征”，而且她断言“实际上斯蒂芬家的每一个男性成员都参与了此行为”。路易丝毫无顾忌地使用了“乱伦”这个词。

这样的结论过于牵强了。昆汀·贝尔的著作刚刚出版后，我就去苏塞克斯拜访乔治·达科沃斯的儿子亨利，询问他父亲是否保留了一些与弗吉尼亚的往来书信，以便更清楚地说明这件事。亨利对于贝尔对其父亲含沙射影的攻击万分惊骇，于是准许我出版五封来往信件，因为他相信这些信件无疑能证明在和两个异父妹妹发生有违人伦的关系受到千夫所指之前，乔治就悬崖勒马了。他为父亲声辩说，如果一个女孩儿遭受了这样野兽般的暴行之后还能称呼那个诱奸自己的人“我亲爱的老巴尔”和“我最最亲爱的乔治”，这简直让人难以置信；还有瓦奈萨，乔治邪恶行为的另一个受害者，她不可能在1900年高高兴兴地和他一起去巴黎，两年后又一起去了罗马。昆汀·贝尔在最近的著作《我的长辈们》（*Elders and Betters*）中更改了对达科沃斯兄弟的谴责之辞。他得出的结论是，不管乔治的淫欲膨胀到了何种地步，他从没有真正地去强奸弗吉尼亚和瓦奈萨。我们可以确信的是乔治的确做过那些恶心的猥亵之举。毋庸置疑，乔治的本能是想发生乱伦关系，但他并没有这么做。一个如此保守传统的人不可能冒生下乱伦私生子的危险。弗吉尼亚在回忆中将这件事戏剧化地夸大了。

乔治曾试图将姐妹俩领入伦敦上流社会，却最后以失败而告终。乔治自己长得英俊潇洒，一表人才，他野心勃勃地要在社交圈闯出一番名堂，而且无疑还想利用两个美丽脱俗的妹妹来提高自己的受欢迎程度。乔治肩负起了她们已去世的母亲的职责。对他而言，每一次舞会都是弗吉尼亚和瓦奈萨能够嫁出去的机会。他不明白为什么她们一点都不领他的情。他以妹妹们的美貌为荣，难道她们不该也为此感到骄傲吗？但是她们却拒绝扮演乔治为她们规划的角色。“事实真相是，我们是失败者，”弗吉尼亚在给艾玛·沃恩的信中写道，“我们不能在社交圈里一鸣惊人。我不知道怎么做才能达到这样的效果。我们不受人欢迎。我们坐在角落里，看起来就像是渴望葬礼的送丧人。”当她们去杰克·希尔斯父亲拥有的考比城堡（Corby Castle）做客时，事情也没有丝毫好转，弗吉尼亚写信告诉索比：“气氛特别沉闷和奇怪。所有一切都非常庄重，让我很不舒服。我真希望我可以自在点。”

接下来莱斯利罹患胃癌，两年后离开了人世。弗吉尼亚几乎每天都在给她的新知己维奥利特·迪金森（Violet Dickinson）的信件中描述父亲病情不断恶化直至逝世的过程。维奥利特原本是斯特拉的朋友，比弗吉尼亚年长十七岁，尽管如此，弗吉尼亚仍然对她产生了一种近乎狂热的爱慕之情，她写给维奥利特的信坦白得让我们吃惊："难以置信，你竟能深深触动这个完全冬眠着的小麻雀（她在信中对自己的称呼），那感觉如此强烈，如火山熔岩般炙热。"她们之间的这种互诉衷肠，随着莱斯利病情的恶化而愈演愈烈。弗吉尼亚并不是残酷无情的人，但她还是忍不住向维奥利特透露了她盼着莱斯利早点离开人世的心情。1903 年的圣诞节，她写道："只要这能来得再快些。"她抱着这样的念头除了想让自己得到解脱，也是为了让莱斯利少受点病痛的折磨。两个月之后也就是 1904 年 2 月 22 日，莱斯利去世了，而弗吉尼亚刚满二十二岁。隔天她给她的希腊语老师珍妮特·凯斯写信："我们围坐在他的身边，父亲很平静地走了。我知道死亡是他最想要的。这些年来我们从未分离，而我每时每刻都需要他。但是我们还拥有彼此——奈萨（弗吉尼亚对姐姐的亲切称呼）、索比、艾德里安和我。而且当我们在一起的时候，他和妈妈离我们就并不遥远。"在他们的小世界里没有达科沃斯家人的容身之处。瓦奈萨带头，他们这些孤儿一起搬了出去。

第二章

父亲火化几天后，姐弟四人出发去了南威尔士的马诺比尔（Manorbier），维奥利特·迪金森也去了那儿和他们会合。那是一片在沼泽和大海之间的荒芜之地。弗吉尼亚独自在峭壁间漫步，对未来陷入深深的思考。1922年，她在日记中写到正是在海边散步时她对自己想写的东西有了清晰的想法，但当时她没有在信件中提到这一点。信里更多流露的是人们在父母去世后常有的一些感情，诸如她本应为父亲更多地做点什么，还有她后悔父亲从不知道她有多么爱他。相形之下，瓦奈萨就显得冷酷无情多了。多年之后，她向儿子吐露内心的秘密，莱斯利的死对她而言就是一个解脱。她说："我不可能不感到高兴，他病了那么长时间，我们一直都在期盼最后一刻的到来，而他的死当然来得正是时候。"她这么说的意思是他们姐弟四人可以逃离达科沃斯的控制和海德公园门沉闷的上流社会氛围。他们要为自己找一栋房子，如果可能的话要在布卢姆斯伯里（Bloomsbury）。

在迈出人生中的重要一步之前，他们四个人去了意大利，就像对过去做一次彻底挥别。除了童年时去布伦（Boulogne）的一次短途旅行，这是弗吉尼亚第一次出国。但是这次假期却安排得不甚如人意。他们四个人中没有一个人想到要在威尼斯订旅馆，所以他们的第一次贡多拉之行就是在找住处，而等他们好不容易找到地方落脚之后，却发现那里实在拥挤不堪，只得搬到一家昂贵的酒店，房费都差点付不起。只有这时弗吉尼亚才可以“张着嘴四处闲逛”，但她从不是一个热情的观光客，比起宫殿和教堂，她更喜欢欣赏身边的行人和油画。四人继续前行去了佛罗伦萨，在那里他们既有他乡遇故知的经历，也有被小乞丐纠缠的烦扰。弗吉尼亚对意大利人的印象一点都不好，她一句意大利语都不会说。她觉得这个国家很美丽，但国民素质很低。“感谢上帝，我生来就是个英国人。”她在给艾玛·沃恩的信中这么说。终其一生，她都是有些歧视外国人的。

返程途经巴黎时，他们就幸运得多了。他们找到克莱夫·贝尔（Clive Bell），弗吉尼亚曾在索比剑桥的房间里见过他一次。克莱夫带他们去拜访了奥古斯特·罗丹（Auguste Rodin）① 的工作室。克莱夫是弗吉尼亚生命中第一个非达科沃斯家的男人，她爱他的乐观快活、带给她

① 奥古斯特·罗丹（1840—1917）：法国雕塑家，善用多样绘画性手法塑造生动的艺术形象，主要作品有《青铜时代》《加莱义民》《思想者》《雨果》等，著有《艺术论》。

的新奇知识，还时不时对她暗送秋波。这都让她又惊又喜。如果弗吉尼亚没有在从巴黎回来后的第二天就陷入严重的精神崩溃，他们之间的友谊应该能迅猛地发展。

“那一整个夏天她都在发疯。”昆汀·贝尔写道。1981 年斯蒂芬·特朗布利（Stephen Trombley）[1] 博士借用了这句话作为自己一本书的书名，不过目的却是为了证明该论断毫无依据。严格说来弗吉尼亚并没有发疯，甚至不是那些非专业人士常说的躁狂抑郁症。特朗布利博士提出了一个更科学的诊断：“面对一连串艰难的个人遭遇，她产生了错综复杂的身体反应，她深受这种反应的折磨。”但弗吉尼亚家人和她自己都用“疯狂”这个词来形容当时她的状态，带着一点点嘲笑的意味，因为他们知道这样的发作终将会过去，而且一旦过去，她的精神就会清醒，这个过程如同暴风雨降临把天空清洗干净。“关于精神病人眼中的世界，值得一说的可多着呢。”她如是告诉艾玛·沃恩，意思是陷入疯狂的时候她的想象

---

① 斯蒂芬·特朗布利（1954— ）：美国作家、电影制片人。出版于 1981 年的《那一整个夏天她都在发疯》是他的第一本书。该书审视了治疗弗吉尼亚·伍尔夫的知名医生的工作，并将他的观点与从伍尔夫的小说、信件和日记中得来的证据进行对比。

力被释放了，她得到了很多奇思妙想而自己却不在状态没法把它们记录下来。但是当时，这对她的家人和朋友来说可不像开玩笑这么轻松。这之前有一次，在母亲去世后，弗吉尼亚表现得非常奇怪，会无缘无故地晕倒，有人跟她说话会脸红，时常失眠和头痛。但是 1904 年 5 月至 8 月，弗吉尼亚第二次发病时，比之前要严重得多。她拒绝进食，辱骂最亲近的朋友，还产生了严重的幻觉：小鸟们在用希腊语唱歌，英王爱德华七世（Edward Ⅶ）在灌木丛后大声嚷嚷着下流话。就像《达洛维夫人》中的塞普蒂默斯·史密斯一样，她跳出窗户，试图自杀，不过因为窗户离地面距离太近，没有成功。她一直和维奥利特·迪金森待在赫特福德郡，由三名看护和当时的知名神经科专家乔治·萨维奇（George Savage）照顾，这位医生也不知道如何治疗她的精神错乱。如果这不是发疯，那就是与此相近的什么病症。“山羊疯了”，她的兄弟姐妹用了她儿时的昵称，听上去还挺高兴。他们不是不同情她，只是都在忙着安排从海德公园门搬到布卢姆斯伯里。

弗吉尼亚康复后，就去剑桥和艾米莉娅·斯蒂芬（Emelia Stephen）姑妈住了几个星期，她是贵格会教徒。

姑妈琐碎的交谈和喋喋不休的关怀让她厌烦。这期间她忙于帮助弗雷德里克·梅特兰（Frederic Maitland）[①]撰写父亲的传记，传记中关于莱斯利为人父的内容就是出自她之手。之后作为康复计划的一部分，她被送往约克郡和她的表哥——吉格尔斯威克学校的校长威廉·沃恩（William Vaughan），还有他的妻子玛奇·沃恩住在一起。在校长家过日子根本就得不到静养。她要经常和其他校长会面，和校长太太开茶会，还必须去教堂做礼拜。她同情玛奇，这个在精神和文学上有自己追求的女性，如今却不得不过着精神贫瘠的日子。弗吉尼亚受到了很好的照顾。她被安排住在一间有着很大窗户的卧室里。作为后任校长的客人，我也曾在那个房间住过一晚。她可以从那儿轻易逃出学校，到荒野上散步。

吉格尔斯威克学校的生活给了她机会得以继续写作并发表她的处女作。她的写作方向从私人日记转向了新闻报道。维奥利特把她介绍给《卫报》（*The Guardian*）妇女副刊的编辑阿瑟·利特尔顿太太（Mrs. Arthur Lyttelton），这是一家面向英国国教牧师的周报，弗吉尼

---

① 弗雷德里克·梅特兰（1850—1906）：英国法学家、历史学家，被普遍认为是现代英国法律史之父。他撰写的《莱斯利·斯蒂芬》于1906年出版。

亚恳求她给自己一份工作。她发表的第一篇散文，描写了她参观勃朗特三姐妹的故居哈沃斯牧师住宅之行。带着初生牛犊般的鲁莽，她告诉维奥利特："我还必须学习新闻的写作技巧，而这和文学造诣没什么关系。"生病三个月期间的巨大开销令弗吉尼亚囊中羞涩。她请朋友们对自己的文章进行评论，她所谓的评论其实就是称赞。她对利特尔顿太太的感激不久就转变成了愤怒，因为后者居然敢对她的文章进行删节和修改，哪怕都是些微不足道的小改动。对于一个新思潮迸发的年轻作家而言，供职于《卫报》这样以神职人员为主要读者的媒体实在荒唐。但这毕竟是一个开始。不久之后她就受邀为更负盛名的《泰晤士报·文学副刊》(*Times Literary Supplement*)和《国家评论》(*The National Review*)撰写评论稿件。

当时的弗吉尼亚还不像后来那样喜欢独自构思，想法不到孕育成熟决不公之于众。她总是把事实和幻想联系起来，她开始用身体语言、服装和语调来刻画人物，用千百年来的沧桑变迁来描绘风景。那时候她写的信件彰显了她的青春活力。当她再回到吉格尔斯威克度假时——这次是住在宿舍，由此从学校生活的例行套路中解放出来——她给维奥利特写信："你可以想象我头发不洗也不梳，就在荒野的沼泽边大步地走。我一边在岩石上跳来跳去，一边大声朗诵品达（Pindar）[①]的颂歌。我欣喜若狂，身边的风时而猛烈地吹向我，时而轻柔地爱抚我，仿佛严厉又慈爱的父母。这就是斯蒂芬·勃朗特式的生活。”在给她当时的文学密友玛奇·沃恩的信中，有时候她会尝试用一种新的视角去组织语言，“一个模糊的梦一般的世界，没有爱，没有感情，没有激情，没有性……尽管它们对你来说是梦，尽管我不能完完全全地表述它们，但这些事情对我而言是极度真实的”。她可能正在构思《海浪》（*The Waves*）。

莱斯利去世后，斯蒂芬一家在一起生活了两年，这段时间被弗吉尼亚形容为“光辉的迸发”。瓦奈萨组织大家搬到了布卢姆斯伯里的戈登广场46号。乔治·达科沃斯恰好在这个时候结婚了，而他的弟弟杰拉尔德成了一名出版商人。年轻的斯蒂芬们终于得以摆脱他们，过上无拘无束逍遥自在的日子。他们可以按自己的意愿穿衣打扮，想什么时候怎么吃饭都行，并且不必去维护从小就强加在他们身上的所谓友谊。瓦奈萨后来写道：“这就

① 品达（约公元前518—前438）：古希腊抒情诗人，希腊语名为Pindaros，著有《合唱琴歌》《竞技胜利者颂》等，被后世学者誉为九大抒情诗人之首。

好像一个人从黑暗中突然走进了阳光里。”但长辈们却对他们这样的生活有相反的看法，甚至亨利·詹姆斯也对他们抛弃传统礼仪的行为深感震惊。但凡事还是有底线。瓦奈萨仍在信中称她最亲密的朋友克莱夫为“尊敬的贝尔先生”。

布卢姆斯伯里本身也与他们的这种叛逆相得益彰。这是伦敦的一个区，尽管乔治亚广场是个不错的地方，这里仍被肯辛顿的居民视为伦敦的靡靡之地，是那些声名狼藉的婚姻失败者和游手好闲的学生们的住所。不过，这里的周边环境倒挺适合斯蒂芬一家的收入。莱斯利·斯蒂芬留下了价值约一万五千英镑的财产，这是很可观的数目，相当于现在的三十五万英镑。他还留下了海德公园门住宅的所有权，孩子们决定把它租出去而不是卖掉。虽然索比和艾德里安还没有挣钱，但他们的姐姐都已经工作了，瓦奈萨是一名画家（第一份挣钱的工作是为罗伯特·塞西尔夫人［Lady Robert Cecil］①绘制肖像），而弗吉尼亚是一名记者。他们请得起两名佣人，还能一起或者分别去度假。弗吉尼亚和艾德里安坐船到过葡萄牙和

① 罗伯特·塞西尔（1864—1958）：英国政治家，为1919年国家联盟盟约起草人之一，获1937年诺贝尔和平奖。

西班牙，而他们四个人在康沃尔住过两个月，又在诺福克郡（Norfolk）租房住了两个月。不过，他们的生活模式却是在伦敦建立的。

一开始弗吉尼亚在伦敦南部的莫利学院（Morley College）[①]教书，这是一所为超学龄的穷人提供教育的学校。她的这个决定很奇怪，可能是出于一直徘徊于心中的对没有中产阶级优越出身的人的负疚感，或者仅仅是对其他人的生活感到好奇。她坚持在学校教了两年，讲授英文写作、历史和文学，而听课的学生少到有时候只有两个人。弗吉尼亚起初被学生们的热情所打动，但师生间出生背景的差异所带来的压力却常常将这股热情驱散得无影无踪。尽管她试图把授课内容简单化，事先把它们写出来，但听众仍然在不断减少，而那些留下的也往往不得要领。有一次，当她在大谈意大利文艺复兴时，学生们唯一的问题居然是“老师，请问威尼斯的床上有跳蚤吗？”

更值得一提的是，同样是在瓦奈萨的倡导下，在戈登广场渐渐聚集了一批志趣相投的年轻人。这些人都在

① 位于英国伦敦的成人教育学院，成立于19世纪80年代。学院提供的课程广泛，包括科学、语言、戏剧、舞蹈、音乐、计算机、医学和人文等。

二十五岁上下，大部分是索比在剑桥大学的朋友。她组织了两个沙龙——“星期四夜晚”（Thursday Evenings）和“星期五俱乐部”（Friday Club），后者主要热衷于讨论艺术。除去瓦奈萨在斯莱德艺术学院（Slade）的女朋友们，这两个沙龙的成员是可以互相交换的。聚会的常客有利顿·斯特雷奇（Lytton Strachey）[1]、克莱夫·贝尔、萨克森·锡德尼–特纳（Saxon Sydney–Turner）、沃尔特·兰姆（Walter Lamb）和德斯蒙德·麦卡锡（Desmond MacCarthy）[2]，不久之后邓肯·格兰特（Duncan Grant）[3]、罗杰·弗赖（Roger Fry）[4]和伦纳德·伍尔夫（Leonard Woolf）也加入了进来。不过伦纳德只参加了一个晚上的聚会就去锡兰（Ceylon）[5]做了殖民地公务员，在那里一待就是七年。

这是一群严肃的年轻人，他们在布卢姆斯伯里的讨论会起初像是他们在剑桥举办的研讨班的延伸。他们相

---

① 利顿·斯特雷奇（1880—1932）：英国传记作家、评论家，以其所著《维多利亚女王时代四名人传》和《维多利亚女王传》而闻名。

② 德斯蒙德·麦卡锡（1877—1952）：英国文学评论家和记者。

③ 邓肯·格兰特（1885—1978）：英国画家，纺织品、陶器和戏服设计师，布卢姆斯伯里团体成员之一。

④ 罗杰·弗赖（1866—1934）：英国画家、美术评论家，推崇塞尚和后期印象派画家，曾任剑桥大学美术教师，著有《塞尚》《美术和构图》等。

⑤ 南亚岛国斯里兰卡的旧称。

互阅读文章并讨论诸如“真”和“美”这样抽象的概念，夜宵无非就是热可可和一点点威士忌——他们也只能喝得起这个。与在剑桥的讨论不同的是，布卢姆斯伯里有两个女孩的加入。在大学里，男孩子们不允许女孩子参加他们的社团。尽管他们知道女学生在位于剑桥远郊的学院里就读，但是就像修士看待修女一样，他们觉得这些女性是不能接近的，因此并不欢迎她们。如此一来，这些人中的绝大多数都有同性恋的倾向。现在他们面对的这两位女性，不仅拥有与他们同样的智慧，而且如伦纳德回忆的那样还都拥有惊人的美貌。伦纳德曾写道：“对于一个年轻男人来说，不爱上她们几乎是不可能的。”但在那个时候，这群人中只有最不严肃的克莱夫·贝尔敢于表达爱慕之情。他向瓦奈萨求婚，但是被拒绝了。

正如昆汀·贝尔所形容的，他们努力经营“一种崭新的诚实而宽容的人际关系”。但也并不是说他们的交谈总是灵光四射，精彩不断。弗吉尼亚经常为自己不能语惊四座而绝望懊恼。那时，她既充满渴望又故作矜持，就像《远航》(*The Voyage Out*)中的雷切尔·文雷斯，从不和索比的朋友们直接交流。邓肯·格兰特记得她显得有一些冷淡，只是和个别人私下交谈，从不面对大家说话。即便如此对她来说都很不易。1905年9月，在锡德尼－特纳和斯特雷奇加入几天后，弗吉尼亚给维奥利特写信说："他们真是让人受不了。就一直沉默地坐着，不声不响地坐着。偶尔他们才会蹑手蹑脚地走到角落里，因为一个拉丁文笑话而咯咯地笑着。他们可能是真的爱上奈萨了吧，谁知道呢？这应该是一个安静并且需要学习的过程。但是我想他们还没有成熟到能够体会太多的感情。噢，只有女性属于我的阵营，才不是这些死气沉沉的生物。"她这么说是夸张了。如果这些聚会真的如此令人沮丧，她不会年复一年地反复说起。这些"死气沉沉的生物"将会成为她最亲近的朋友，与她分享逃离肯辛顿后"光辉迸发"的岁月。不过，他们似乎缺乏她身上的那种活力，除了克莱夫。这其中没有拜伦或特里劳尼（Edward John Trelawny）[①]式的人物。他们在好朋友的姐妹面前局促不安，直到抛弃了剑桥式的禁欲主义之后才开始享受这样的聚会。甚至伦纳德留给弗吉尼亚的第一印象也不过是"一个言辞激烈、哆哆嗦嗦、不愿与人来往的犹太人"。她沉湎于几个女性朋友的小圈子，只有一

① 爱德华·特里劳尼（1792—1881）：英国作家和冒险家，与雪莱和拜伦过从甚密，曾随拜伦参加希腊争取独立的斗争，著有《幼子奇遇》《雪莱、拜伦和我》等。

次勉强参加了她已经不再来往的聪明人的舞会。她告诉维奥利特:“昨天晚上我去舞会了，然后找了一个昏暗的角落坐下来看《悼念集》(*In Memoriam*)[1]。而奈萨跳了每一支舞，一直跳到半夜两点半。”瓦奈萨，这个原本深居简出的女孩，现在倒成了两姊妹中风头更劲的一个。“在她平静的外表下面藏着很多座火山，”弗吉尼亚这么形容她，并且告诉她，“你是我们所有人当中最完整的一个人。”

1906年9月，姐弟四人前往希腊，之后又去了土耳其。这是弗吉尼亚唯一一次在欧洲以外的地方度假，如果不是疾病在最后毁了假期，这次旅行对她而言绝对是难忘的愉快经历。沉浸在历史与古典文学之余（她的包里一直装着《奥德赛》)，她唯一的遗憾是公元前5世纪的辉煌被无论在创造力还是热情方面都无法与之相媲美的后世文明取代了。她一点都不喜欢这些遗迹。

她和瓦奈萨同维奥利特·迪金森一起坐火车穿过法国和意大利，然后从布林迪西（Brindisi）坐船到佩特雷（Patras)，从那里到奥林匹亚遗址只有很短的路程。他们跟索比和艾德里安在那里会合，后者是从达

① 英国桂冠诗人阿尔弗雷德·丁尼生的代表作，由一百三十一首短诗组成，表达了诗人在丧友之后的沉痛心情。

尔马提亚海湾（Dalmatian Coast）顺流而下并骑马穿过黑山（Montenegro）的。接下来，他们五个人去了科林斯（Corinth）和纳夫普利亚（Nauplia）。在迈锡尼（Mycenae）①，他们住在一家以“特洛伊的海伦”命名的小酒店。三十年后，我在那家酒店的旅客留言簿上发现了他们的签名。弗吉尼亚详细地记录了他们旅行的情况，1990年，这本记录被米切尔·利斯卡（Mitchell Leaska）编辑出版。弗吉尼亚对迈锡尼的描写中有这样的句子：“我相信这里曾是辉煌壮阔如诗如画的人生之一隅，如今被荒漠所掩埋。”她从不迷信旅行指南，而是写自己的所见所感。利斯卡对她如此评价：“她的写作风格出现了某种新的不同的东西……她的描写变得更意象，一语双关，因而在声音和意义上更能引起共鸣。”这也是她所有作品的一个特质。

在雅典的时候，瓦奈萨病倒了，维奥利特留下来照顾她而其他人则去了埃维亚岛会朋友。之后她的病情大有好转，就随大家继续前往君士坦丁堡，而索比返回了伦敦。弗吉尼亚对土耳其人印象深刻。宗教是他们日常

① 位于希腊伯罗奔尼撒半岛东北阿尔戈斯平原上的一座爱琴文明的城市遗址。

生活中与生俱来的一部分：乐善好施与斤斤计较对他们来说同样自然。在街上很多妇女没有戴面纱，她无法理解女子遮面的习俗——“一个戴着金边眼镜的可爱的未婚姑娘，出门买一只家禽当作晚饭，有什么危险需要躲避？”

瓦奈萨仍旧病着，所以他们觉得更明智的做法是缩短假期乘东方快车（Orient Express）回家。在多佛（Dover），维奥利特也病倒了，然后他们得到消息索比发高烧卧床不起。一开始医生诊断是疟疾，后来才确诊为急性伤寒。索比和维奥利特相隔不到一英里，两人都病得很重。维奥利特康复了，而索比却于1906年11月20日离开了人世，年仅二十六岁。

索比的死对朋友们是一个沉重的打击。他正处于人生最好的时光，英俊潇洒、活泼开朗，极富个人魅力。他是弗吉尼亚的偶像。当他还是中学生的时候，她爱他；后来他上了大学，她更是仰慕他。艾德里安根本不能替代他。艾德里安的女儿后来承认：“死的不应该是索比。”尽管弗吉尼亚和瓦奈萨从来不这么说，但她们的确这么想过。艾德里安为人善良、头脑聪明，并且感情丰富，然而即便他二十三岁身高六英尺五英寸，弗吉尼亚仍觉得他是个“可怜的小男孩”。索比的死让弗吉尼亚悲痛万分，她向维奥利特隐瞒了这个消息将近一个月，甚至在索比去世一段时间后仍每天给她写信，编造索比正在逐渐康复的消息，以免索比去世的噩耗也夺走维奥利特的生命。她把失去索比的悲痛之情留在《雅各布的房间》（*Jacob's Room*）里表达出来，很明显小说中的雅各布就是索比，而雅各布穿越希腊的旅程几乎就是他们那次共同旅行的再现。

接着，比戏剧更戏剧的事情发生了，弗吉尼亚又“失去”了姐姐。索比去世两天后（弗吉尼亚觉得“真是快得太不得体了”），克莱夫·贝尔第二次向瓦奈萨求婚，而这次她接受了。克莱夫是索比最亲密的朋友，从某种意义上说就像另一个索比，但是瓦奈萨并没有爱上他，她只是感激他在索比生病的时候对她的体贴照顾，也很高兴他热爱艺术并拥有取悦他人的天赋。这两点都非常感性。我记得有一次在男士聚餐会上大家讨论20世纪最重要的发现是什么，有人提到电话、飞机、收音机。“克莱夫，你觉得是什么？”我们中有个人问他。“最关键的是，”他回答，“这个所谓重要发现要得到女性的认可。”

克莱夫带着他的未婚妻——这个词对他们俩来说有些荒唐可笑，但也没有别的合适的称呼了——去威尔特郡（Wiltshire）见父母，还很愚蠢地邀请了弗吉尼亚同行。瓦奈萨在会面中不得不表现出丝丝愉悦，弗吉尼亚却没有这样的义务，她把对中产阶级体面生活的所有蔑视都发泄在给维奥利特·迪金森的信里："这粗粗的笔触和奢华的信纸都告诉你我正处在一幢富有却没有文化的房子里，这房子整个儿是个老古董，过时的哥特式风格，野蛮、不开化、死气沉沉。我把我的笔放进一个野兽的蹄子做成的墨水瓶里蘸墨水。"克莱夫的母亲"长了张兔子脸，身材瘦小，头上已经有了缕缕白发"，他的父亲是"一位典型的乡村绅士"，而他们的两个女儿"也不出所料——她们玩曲棍球，带比格犬去打猎，被艾德里安的笑话逗乐，穿着淡蓝色的绸缎裙子，头发上扎着缎子蝴蝶结下楼来用餐"。她很难相信克莱夫没有受到这种家庭背景的影响。她同情自己的姐姐。

弗吉尼亚的妒忌仅仅维持了很短的一段时间，因为1907年2月瓦奈萨结婚后不久，弗吉尼亚就发现贝尔不仅是她可以吐露秘密的对象，还是可以分享她对瓦奈萨的儿子朱利安（Julian）出生之后的家庭生活的厌恶的朋友。弗吉尼亚可以短时间地忍受小孩子，对婴儿却敬而远之。"我怀疑我以后会不会要孩子，"她从康沃尔给维奥利特写信，她、小婴儿和婴儿的父母正在这里度假，“它的声音太可怕了，那毫无意识的尖叫就像一只报丧的猫，简直难以归为人类。”克莱夫拒绝拥抱它。它吐口水、到处拉屎撒尿，让人恶心。克莱夫和弗吉尼亚因为这个孩子走到了一起，他们在彼此身上找到了逃避之所。瓦奈萨的二儿子昆汀·贝尔说这更像是互相调情。他声称弗吉尼亚的动机是“破坏那个有魔力的小圈子，瓦奈萨和克莱夫如此幸福地沉浸在那个魔力圈里，而她却被那么无情地排斥在外”。她的行为和克莱夫的一样都是不可原谅的。她开始把姐姐和他分隔开，而他的反应则显示出他对瓦奈萨的爱是如此浅薄。瓦奈萨的传记作家，弗朗西斯·斯波尔丁（Frances Spalding）曾总结这次出轨（弗吉尼亚自己的话）“更像是一场智力游戏而不是出于感情，但这并没有减轻瓦奈萨对此的愤怒”。弗吉尼亚很快就后悔她对姐姐的背叛，并在以后的日子里一直对姐姐照顾有加，而两人中个性较强的瓦奈萨并不总是领她的情。相反，克莱夫没有一点悔恨的迹象，而他和弗吉尼亚的关系也没有受到影响。弗吉尼亚发现在就写作寻求意见的所有人中，克莱夫最聪明，也最能理解她的意图。实际上，她也只给他一人展示过处女作《美林布罗西亚》（*Melymbrosia*）的初稿。她在 1907 年开始写这部小说，八年后更名为《远航》出版了。

海德公园门原来十个人的大家庭现在只剩下两个人了：弗吉尼亚和艾德里安。朱莉娅、斯特拉、莱斯利和索比都离开了人世，乔治和瓦奈萨各自结了婚，杰拉尔德做了出版商，而劳拉被困在疗养院里。很明显弗吉尼亚和艾德里安不可能和他们已婚的姐姐一起住在戈登广场的房子里，他们开始在布卢姆斯伯里另外寻找住所，最后找到仅在几个街区以外的费兹洛广场 29 号，由此开始了持续三十年的从一个广场到另一个广场的不停迁移，就像在玩国际象棋，但从没有超出布卢姆斯伯里区的范围。

顺利安顿下来之后，弗吉尼亚和弟弟继续旅行。从根本上来说，她是一个都市女性：她需要朋友的陪伴，需要随时能去图书馆、画廊、戏院和音乐厅。但是她也属于乡下。她喜欢一个人长时间在乡间漫步，而且尽管对园艺、农业或野生动物一无所知，她仍觉得看鸟儿飞翔、听狐狸嚎叫、观察乡间各种各样古怪的植物和声响是一种享受。她和艾德里安在新森林区（New Forest）的一幢木屋里度过了 1906 年的圣诞；第二年夏天，他们在苏塞克斯郡的拉伊（Rye）租了栋房子；1908年，弗吉尼亚一个人在萨默塞特（Somerset）的韦尔斯（Wells）住下了，还重访了威尔士的马诺比尔。

她通过写信和别人保持联络，甚至在电话普及之后，书信仍然是她与外界沟通的主要媒介。大部分时候，她一天会写好几封信，其中大约五分之一保存了下来。我和乔安妮·特劳特曼（Joanne Trautmann）把留存下来的信件编辑成六卷本的书信集出版。在重读这些信件的时候，我再一次震惊于它的内容涉猎之广泛。她可以在一个晚上分别给三个不同的人写信，但这三封长信里没有一个词组是相互重复的。这些信件的深度和节奏各不相同，如同一条小溪时而湍急地在卵石间奔流，时而静静地汇入池塘。信件所表达的情绪永远都是愉悦和关切。当写到一些别人的流言蜚语时（这是经常的事），她从无恶意而更像是嘲讽，她那段众人皆知的关于她与亨利·詹姆斯在拉伊的会面的描写就是如此：

> 他用他那只出神的黑眼珠直愣愣地瞪着我——他的眼睛就像小孩子玩的石弹子——然后说："我亲爱的弗吉尼亚，他们告诉我，他们

告诉我，他们告诉我，说你，不愧为你父亲的女儿，你祖父的孙女——可以说是世代相传，世代相传的羽毛笔和墨水，墨水，墨水瓶的书香门第，是的，是的，是的，他们告诉我，啊哈，嗯，嗯，说你写些短文。”这一幕是在大街上发生的，当时我们都凝神屏气地等着，就像农夫等着母鸡下蛋一样——非常紧张，还要显得有礼貌，重心一会儿移到这只脚，一会儿又移到那只脚。我感觉自己就像是个被判了死刑的人，眼睁睁看着刀子落下来，被戳中，然后再落下来。

那时的弗吉尼亚还不像她成名之后那么令人局促不安。第一次见到她，你可能还会认为她胆小害羞。阿诺德·本涅特（Arnold Bennet）[①]记录下了1907年4月他在巴黎的咖啡馆和弗吉尼亚的一次相遇："年轻的贝尔（克莱夫）和他的妻子，莱斯利·斯蒂芬的女儿在一起。莱斯

① 阿诺德·本涅特（1867—1931）：英国小说家、批评家，写过许多以家乡五座工业城镇即“五镇”为背景的小说，主要作品有《五镇的安娜》《老妇人的故事》《克莱汉格》等。

利的另一个女儿（弗吉尼亚）和儿子（艾德里安）走了进来。贝尔的妻子长得勉强还算吸引人，而另一个并不漂亮，我是说外表。虽然非常年轻，她们看起来却端庄得体，和她们的身份非常符合。”这个所谓的“身份”正是她们刚刚摆脱掉的。对于她们的外貌，本涅特的判断则与当时所有对她们的称赞和照片都矛盾。他期待着能见到两个可爱的少女，遇见的却是两位优雅成熟的妇人。

两个男人深深地爱上了弗吉尼亚。一个是沃尔特·黑德勒姆（Walter Headlam），剑桥大学国王学院的古希腊文学讲师。弗吉尼亚喜欢他，愿意把自己写的稿子拿给他看，请他批评指正，但他老得足以做她的父亲，而且在 1908 年突然去世了。另一个是希尔顿·杨（Hilton Young），《经济学家》（*Economist*）的助理编辑，也是“星期四夜晚”的常客。弗吉尼亚像钓鱼一般的玩弄他——她把自己当鱼饵挂在钩上放在他面前，然后收线。最后当杨向她求婚时，她拒绝了，说除了利顿·斯特雷奇她谁都不嫁。但是当利顿真的在 1909 年 2 月向她求婚时，她却在答应他二十四小时之后又改变了主意，这对两个人其实都是一种解脱。“他做朋友太完美了，”她告诉莫莉·麦卡锡（Molly MacCarthy），“他只是我的‘女伴’。”

第三章

尽管有之前的这些纷纷扰扰，第一次世界大战爆发之前的这十年标志着布卢姆斯伯里的全面繁荣。1982年，我在美国得克萨斯州的奥斯汀（Austin）作了关于这个著名的朋友圈子的学术报告，当时我曾提醒听众：美国的学者们可能过高地评价了这一群人的影响和成就，而我们的英国同行们却低估了他们。我在报告中说，我们的弗吉尼亚已经变成了他们的伍尔夫，但她们俩并不是同一个人。对美国学者而言，布卢姆斯伯里群体仍然在20世纪女性主义、社会主义以及和平主义的意识发展上起到了举足轻重的作用，对此看法英国学者却谨慎得多，有时候甚至完全反对，他们更倾向于在费边社（Fabians）①、韦伯夫妇②、赫伯特·威尔斯（Herbert Gorge Wells）③、萧伯纳（Shaw-Berrard）、玛丽·斯托普斯（Marie Stopes）④、埃塞

① 1884年成立于英国，主张用缓慢渐进的改革方法实现社会主义。

② 这里指的是西德尼·韦伯及其妻子比阿特丽斯·韦伯。西德尼·韦伯是英国经济学家、社会史学家，费边社会主义倡导者之一，费边社重要成员；比阿特丽斯·韦伯是英国费边社会主义者、社会活动家。

③ 赫伯特·威尔斯（1866—1946）：英国作家，因《时间机器》一举成名，主要作品有《星际战争》，社会问题小说《普基斯》《托诺－邦盖》及历史著作《社会史纲》等。

④ 玛丽·斯托普斯（1880—1958）：英国节制生育的倡导者，与其夫在伦敦创建节制生育门诊所，著有《婚后之爱情》《明智的父母之道》《避孕：其理论、历史和实践》等。

尔·史密斯(Ethel Smyth)[①]、埃米琳·潘克赫斯特(Emmeline Pankhurst)[②]和米利森特·福西特(Millicent Fawcett)[③]当中找寻运动的先驱，他们都是和布卢姆斯伯里群体同时代的人，但不能与之归于一类。在报告中我说美国人可能对布卢姆斯伯里群体有某种先入为主的印象，从而无意间过分解读了他们的话语或思想，而英国人则没能充分认识他们的重要性，将其见解视为人云亦云的陈词滥调。

一个特征鲜明的群体的存在，必须拥有某些共同的思想和推行该思想的愿望。但除去思想解放、言为心声、妇女平等、尊重知识分子等泛泛而谈的宣言外，我发现很难界定布卢姆斯伯里群体的理念是什么，而这些泛泛之谈并不足以构成一个系统学说。迈克尔·霍尔罗伊德(Michael Holroyd)[④]曾指出，他们的确没有相同的哲

① 埃塞尔·史密斯（1858—1944）：20世纪初英国音乐史上最重要的女作曲家，同时也是英国少数有名的歌剧作曲家之一。

② 埃米琳·潘克赫斯特（1858—1928）：英国政治活动家和帮助英国妇女赢得投票权的妇女选举权运动领导人。

③ 米利森特·福西特（1847—1929）：英国女权运动领导人。2008年，英国发行了一套以《杰出女性》为题的纪念邮票，共六枚，第一枚就是她。

④ 迈克尔·霍尔罗伊德（1935— ）：英国传记作家。1968年，他的《利顿·斯特雷奇传》问世，被誉为英国当代传记文学的里程碑。六年之后，《奥古斯塔斯·约翰传》出版，巩固了他在文坛的地位，被公认为当代最有影响的传记作家之一。

学或美学体系，至于那些认为他们有相同体系的人，则“对艺术发展的漫漫长路一无所知”。E. M. 福斯特（E. M. Forster）的小说根本不应该归功于弗吉尼亚，斯特雷奇的文明理论跟克莱夫·贝尔也没有一点关系，伦纳德·伍尔夫的国际关系理论和凯恩斯（Keynes）的经济学思考在任何方面都跟布卢姆斯伯里的思考方式没有关系。比起他们对于科学和宗教的漠不关心以及在第一次世界大战中表现出的所谓和平主义，这帮人在艺术和音乐的欣赏品味上的共同点还算是多的了。他们的社会主义就像是温吞水：资本主义体系的永久性和佣人阶层的从属性都是被肯定的。弗吉尼亚的女权思想并没有触及社会底层。她从未就绝大多数妇女待在家里为丈夫做晚饭的命运进行抗议。她所关注的仅仅是她这个阶层的妇女应该有更多机会成为医生、律师、教师、作家，而从不觉得有必要为以下情况呐喊：比如那些有才干的女秘书应该跻身管理阶层，清洁女工通过努力也可以改变自身的地位。

这是消极的一面。应该强调的是更积极的一面，这个群体在很多方面都对我们这些继承者施加了有益的影响。每个人都尝试以他或她的方式成就一个男人或女人能做到的壮举——那就是给予一种艺术或学说一个全新的、能经受质疑的、不至于贻笑大方的形式，并且在数十年后被大家毫无异议地接受。弗吉尼亚·伍尔夫和E. M.福斯特用他们的小说做到了这一点；邓肯·格兰特、瓦奈萨·贝尔和罗杰·弗赖用他们的画作以及对法国现代艺术的推崇，利顿·斯特雷奇通过开创现代人物传记，T. S.艾略特（T. S. Eliot）通过诗歌；德斯蒙德·麦卡锡通过文学批评；伦纳德·伍尔夫通过国际关系（他起草了国际联盟宪章的初稿）；凯恩斯通过经济学，都做到了这一点。而他们用他们的行为教导我们如何生活，如何分配我们的时间，如何获得幸福，如何去爱。

布卢姆斯伯里圈子之所以仍能持续地吸引我们，部分原因在于我们掌握了大量他们的信息。探查他们的私密关系，从他们的通信中发掘出新花样，这些事情在人们研究他们作品和生平之余激起了更多兴奋。我们所享有的特权使我们对他们的了解，甚至超越了他们彼此。他们是最早认同同性恋正常的人，这得益于他们的友谊。如果他们对彼此不忠诚，背叛会是永久的，而怨恨却是短暂的。布卢姆斯伯里圈子最伟大的遗产，其实是他们对友谊的理念。无论是年龄、成就，还是在艺术和爱情上的对立，或是职业差异和亲疏关系，又或是因为战争、旅行或工作造成的长期分离，没有什么能让这些年轻时就走到一起的人们分开。

毫无疑问，他们的圈子可不是那种稀松平常、随便什么人都能融入的社交圈。我十二岁的时候，妈妈带我去了一次布卢姆斯伯里圈子的聚会，我至今还清楚地记得当时的情景。房间很大，烟雾缭绕，室内有些燥热，倒不是因为暖气开得太足，而是因为人人都很兴奋。房间里摆放着长沙发椅，铺着地毯，四周的墙壁艳丽得有如穆斯林宫廷，托盘里放着留声机唱片，书摆得到处都是。大家彼此挨着坐在地板上。喧闹声、嬉戏声、尖叫声，甚至笑得前仰后合，可这一切全都在我们踏进房门的瞬间戛然而止。母亲和我找了一个不怎么惹眼的角落坐下，有人给了我一个西红柿三明治。那帮人或翻箱倒柜地找书，或对着一幅画评头论足，自始至终都忙得上蹿下跳。每个人都暗自较着劲，好像必须证明其在场的不可或缺。有一次在同样的一个场合，弗吉尼亚讲完了她最有趣的一个故事，笑声已经平息，她转而对一个十八岁的女孩说："现在你来给我们讲一个故事。"这当然不太友好。但她并不是刻意为之。布卢姆斯伯里圈子要求当球向你扔过来时你要能接住它，而如果你没接住，你就不会再被邀请，而你自己也不会希望再被邀请了。

艾德里安在日记里记录了一个很典型的事件，被他的侄子昆汀写进了弗吉尼亚的传记里。事情发生在1909年7月费兹洛广场即兴举办的一场舞会上。无需邀请就自觉前来的人们逐渐进了场：萨克森·锡德尼-特纳、利顿·斯特雷奇和他的兄弟詹姆斯先到了，然后是克莱夫、瓦奈萨、邓肯·格兰特和亨利·兰姆（Henry Lamb）。

> 交谈进行得很流畅，尽管内容不是很有意思，直到十一点半左右科尔小姐到了。她走过来坐在一张藤编的长椅上，弗吉尼亚和克莱夫坐在她身边的地板上。弗吉尼亚通常喜欢直截了当地恭维别人，她开始夸奖起科尔小姐的外表来。“当然科尔小姐，您总是打扮得如此高雅精致。您看起来如此新颖，就像一只海贝。身穿这么一身高雅精致的服饰，您来到我们沾满泥巴的靴子和烟斗喷出的烟雾中间，您身上有某种那么优雅的东西。”克莱夫插话进来，说了些更添油加醋的恭维话，然后他开始问她为什么这么不喜欢他，说任何其他的年轻女士都会

为他说的那些美妙的话感到非常高兴，但是她却如此严厉地对他。这时弗吉尼亚打断了他："我想科尔小姐是个个性很强的人……"可怜的科尔小姐成了我们所有人注视的中心，她不知道该如何是好。

现在，安妮·科尔（Annie Cole）不再是一只小老鼠。两年后，她嫁给了内维尔·张伯伦（Neville Chamberlain）[1]，而当后者成为首相时，她在国际政治上也发挥了重要的作用。

弗吉尼亚在这种场合的行为显示了她尖酸刻薄的一面。当朋友们生病、失去亲人，要么长时间出国不在，或者爱上同一个人，她总会非常地同情他们。但她嘲讽起人来毫不留情，把人弄得一愣一愣地不知其所以然。（"我知道你今天早上一直在做什么；你沿着皮卡迪利大街骑着一匹白马。"）她的玩笑并不只限于像科尔小姐这样的局外人。布卢姆斯伯里群体的成员对彼此的著作、

① 内维尔·张伯伦（1869—1940）：1937年至1940年期间任英国首相，保守党领袖，1938年与希特勒签订出卖捷克斯洛伐克的《慕尼黑公约》，执行纵容法西斯侵略的绥靖主义。

绘画和作派的批评是无情的。在所有关于他们的传闻中，最大的谬误就是说他们是一个相互仰慕的团体。与之相反，他们为自己设定的标准往往过高、过于完满，以至于常常难以达到。而他们在演讲或信件中也很坦率地承认这一点。有时他们这种嘲讽式的伤害会很直接。弗吉尼亚能写信给维奥利特·迪金森："艾德里安认为他今天见到你了。那位女士笑了——那是你，还是个卖笑的妓女？"而维奥利特（应该）竟毫不介意。他们如此热衷于互相取悦，以至于往往过分渲染了朋友们的失败和不幸，或是夸大了自己的小小冒险经历，以期锦上添花。在这个团体里，他们相互砥砺。有人说布卢姆斯伯里和剑桥的区别就是，在剑桥没有人会说俏皮话，除非它包含深远的意义，而在布卢姆斯伯里没有人会说深沉的话，除非它也很有趣。弗吉尼亚对这种态度的转变起了非常大的作用。

1909年8月，在与艾德里安和萨克森·锡德尼—特纳的拜罗伊特（Bayreuth）和德累斯顿（Dresden）之行中，弗吉尼亚给瓦奈萨写了不少言语尖酸的信件以解闷儿。《帕西法尔》（*Parsifal*）那部歌剧可真够闷的，她想，"又苍白又晦涩"，而萨克森也"相当暴躁，他一路跳着走，嘴里哼哼着，就像一只聒噪的蚱蜢。他握紧双拳，皱着眉头，如果你盯着他看，他就立马停下来”。而对于当地人，她瞧不上外国人的毛病又不由自主地浮现："我从没见过哪个德国女人长着一张脸；她们就是一团团红色的布丁。"

1910年，弗吉尼亚参与了两场政治运动。在珍妮特·凯斯的劝说下，她加入了妇女选举权运动（Women's Suffrage Movement）。然而，她一点都算不上个斗士。她待在运动办公室，把大把大把的时间花在给那些对此事漠不关心的政治家写信上。这场运动获得了广泛的支持，但当时的首相赫伯特·阿斯奎斯（Herbert Henry Asquith）[①] 是强硬的反对者，他拒绝授予妇女投票的权利，导致了更多的抗议和激愤。1914年，战争的爆发致使运动中止，但其目的已经达到。大多数妇女在1918年被授予投票权。弗吉尼亚没有再参与到这个运动中，她认为政治骚乱很愚蠢，即使她同情这场运动的起因并从成果中受益。

所以更令人惊奇的是1910年2月她居然同意被拉入

① 赫伯特·阿斯奎斯（1852—1928）：1908年至1916年任英国首相，自由党领袖。第一次世界大战爆发后，直到德军入侵比利时，阿斯奎斯才宣布参战，后因内部意见分歧、战事失利、国内的都柏林起义事件而被迫辞职。

“无畏号”（Dreadnought）战舰欺诈事件。事情的前前后后，艾德里安和弗吉尼亚都详细地记录了下来，并由他们的传记作家做了更细致的描述。这一事件使他们得到了公众的关注。他们成功地欺骗了皇家海军的举动震惊并娱乐了大众，但并没有人意识到这不仅仅只是几个淘气的青年男女的恶作剧，而是一个关涉政治立场和反战主义的宣言。

这个计划是艾德里安和他的朋友霍勒斯·科尔（Horace Cole，安妮·科尔的一个兄弟）一起想出来的。霍勒斯的那些恶作剧都是出了名的。他们提议筹划一次“阿比西尼亚（Abyssinia）[①]皇帝”对当时停泊在韦茅斯港（Weymouth）的舰队中最新式最负盛名的战舰“无畏号”的正式访问，目的是让皇家海军受到大家的嘲笑。他们给海军总司令发送了一封声称来自外交部的电报，要求海军隆重接待皇帝及其随行人员。这群谋划者雇了一位戏院的服装师给他们穿上合适的行头，艾德里安扮演英国翻译，科尔扮演外交部官员，所有其他人都把脸涂黑并乔装打扮起来。邓肯和弗吉尼亚穿上了长袍，戴着包

① 非洲东部国家，埃塞俄比亚的旧称。

头巾，脸上贴着小胡子。他们给自己拍了照，然后坐火车去韦茅斯。在路上他们练习一种虚构的语言，他们希望这会被当成原住民的语言。

这件事中有两个至今没有被解开的谜题。首先，为什么弗吉尼亚会同意参加这次恶作剧？她生来就不是爱恶作剧的人。她不认识科尔，而艾德里安又不能左右她。瓦奈萨还曾强烈地阻止她。在她人生的那个阶段，她还没有思考过陆军和海军的罪恶。但是她从来没有后悔加入其中，直到1940年她还很有兴味并带着些许自豪地提起这次瞒天过海的事件。这是一次成功的把戏，而后来她将此归结于当时她基本不可能想到的道德动机。

第二则是为什么海军上当了？外交部电报的真实性从没有被核实，他们的伪装也没有被看穿。这群人在韦茅斯受到了贵宾级的欢迎，然后下海坐小艇登上“无畏号”，舰队司令和旗舰舰长——弗吉尼亚的表兄威廉·费希尔（他很可能认出了她和艾德里安）一同在后甲板上接待了他们，他们被带着参观了最现代和最机密的英国军舰。他们以宗教原因拒绝了茶点，实际上是害怕脸上的妆会花掉。他们也拒绝了二十一响的鸣炮礼，慷慨地声称没有必要，然后就返回了伦敦。

对于这次恶作剧的成功欣喜万分的科尔，将整个故事透露给了报社。实际上，除非被大众所知，否则这件事将毫无意义。议会就此事进行了问讯，但与今天可能引起的骚动相比，当时所造成的社会影响非常小。始作俑者们受到的最严厉惩罚是为了恢复海军的名誉，年轻军官们在科尔和邓肯的屁股上象征性地打几下。科尔接受了这个惩罚，条件是他可以打回来。因为这件事而怒不可遏的长辈，也就是斯蒂芬和费希尔家族的成员而已。

“无畏号”事件和弗吉尼亚在当年晚些时候的精神崩溃并没有直接因果关系。她饱受头痛和失眠的折磨，看起来又一次处在发疯的边缘。去康沃尔、多塞特（Dorset）和坎特伯雷（Canterbury）休养都没能让她恢复。1910年6月底，萨维奇医生建议她去一家精神疗养院住六个星期，但她的情况还没到那么严重，她还可以给瓦奈萨和她的朋友们写信自嘲这件事。和疯女人一起关在一栋恐怖的房子里，她表现得非常勇敢，而她自己还没有疯到对她们的病情全然不知的地步。“我感觉我的大脑就像一只梨，”她在牢笼里写信，“要知道它是不是成熟了：等到9月份吧。”

在康沃尔和多塞特恢复了一阵子之后，它真的成熟了。她能够继续写她的小说《美林布罗西亚》，还花了一点时间在妇女选举权运动上。但是那个秋天比此更令人兴奋同时也是令布卢姆斯伯里在战前声名鹊起的事，是首次后印象派展览。该展览的主要灵感来自罗杰·弗赖。虽然年初才与贝尔夫妇刚刚结识，他已经与布卢姆斯伯里的这群人深深地相互吸引了。他决定用当时在英国还未为人所知的法国现代艺术家塞尚、梵·高、马蒂斯、毕加索的绘画和雕塑来给英国社会一次冲击。在德斯蒙德·麦卡锡的协助下，他搜遍了巴黎的画室和画廊，带回了这些艺术家们最经典的作品，然后在格拉夫顿画廊（Grafton Galleries）向公众展示。展览造成了轰动。这些画作甚至遭到了沃尔特·西克特（Walter Sickert）[①]这样的革新派英国画家的辱骂，说它们是“色情的”、“疯子的作品”。嘲笑中夹杂着酸葡萄心理。

弗吉尼亚没有参与布展，只是犹犹豫豫地从旁协助，但这次展览对她产生了深远的影响。这些艺术家在绘画中做的（他们对瓦奈萨所谓的传统英国艺术中“毁灭性

---

① 沃尔特·西克特（1860—1942）：出生于德国慕尼黑，画家，著名美国印象派画家惠斯勒的弟子，1912年创作的《荷兰女人》被誉为传世佳作。他被认为是印象主义向现代主义转型中的杰出人物。

的美丽”不屑一顾）也正是她试图在文学领域开拓的，那就是不做翔实的描述，但能刻画出一个人物或一个地方的精髓。就像德斯蒙德·麦卡锡在对展览图录的介绍中所说的，“比起德比马赛上冠军马的瞬间照片，摇摆木马常常更像真马”。“艺术，”弗赖说，“就是大量的变形。”邓肯·格兰特在此时所绘的弗吉尼亚的肖像（现存于纽约的大都会博物馆）根本就认不出来是她——看起来就像是一个粗鄙的妇人——但这幅画展现了弗吉尼亚低头沉思的时刻。而在瓦奈萨第二年给弗吉尼亚画的肖像中，她的左眼完全不见了。弗吉尼亚对此没有生气。这是与传统的决裂。但世俗社会并不这么看。他们认为妇女选举权运动、“无畏号”恶作剧和现在的这场展览都是对品味和良好教养的卑劣的攻击。当弗吉尼亚和瓦奈萨裹着华丽的布料几乎半裸地出席了后印象派舞会，更说明了那些年轻人正陶醉于席卷而过的法国风潮。

1911年4月，瓦奈萨、克莱夫、罗杰·弗赖和哈利·诺顿（Harry Norton）去土耳其度假，在那里瓦奈萨由于流产，病得很重。对瓦奈萨的病情忧心忡忡的弗吉尼亚赶忙去和他们会合——这是她第二次去土耳其——然后带姐姐坐火车回家。其实，大家并不需要弗吉尼亚来帮忙。弗赖而不是瓦奈萨的丈夫克莱夫，掌控了全局。他考虑周全并且特别能干。在这个过程中，他和瓦奈萨陷入了爱河。从那时起，贝尔夫妇的婚姻就转变成了他们的儿子昆汀所说的“友谊的联盟”。

弗吉尼亚并没有爱人，也不想有。她又拒绝了两次求婚，其中一个求婚者是沃尔特·兰姆（Walter Lamb，亨利的兄弟），而另一个是外交官锡德尼·沃特路（Sydney Walterlow）[①]，当时他正在和妻子闹离婚希望能迎娶弗吉尼亚。在给锡德尼的信中，弗吉尼亚表现得很友善（“我想我对你的感觉不是我对我必须要嫁的男人的那种感觉”），但是只要是给别人的信中提到他，她就从没有放过任何用最尖刻的词语嘲笑他的机会。她需要僻静的环境来写完她的书，她在费勒（Firle）买下了半栋维多利亚式的房子，这是她在苏塞克斯郡东部的第一笔投资，今后这里会成为她有生之年的乡间休养寓所。她承认“木屋”实际上是“一栋可怕的郊区别墅”，是这个美丽村子里仅有的一栋难看的房子，但是这没关系，因为当你待在房子里时你会忘记房子的外表。这也是去唐斯（Downs）

① 锡德尼·沃特路（1878—1944）：英国外交官，曾在1933年至1939年担任驻希腊大使。

瓦奈萨·贝尔在1911年至1912年期间所绘的弗吉尼亚肖像，现收藏于国家肖像画廊（National Portrait Gallery）。这幅肖像画是在后印象派展览之后不久完成的，该画展强烈地影响了瓦奈萨的艺术，也间接地对弗吉尼亚的写作风格造成了影响。“她的左眼完全不见了，但她并不生气。”（©National Portrait Gallery，London）

散步的绝佳基地。1911 年夏天的大部分时间她都待在这里，修改她的小说，这期间她去和奥托琳·莫雷尔（Ottoline Morrell）[①] 住了几天，还去德文郡（Devon）与鲁伯特·布鲁克（Rupert Brooke）[②]、他的爱人凯·考克斯（Ka Cox）和梅纳德·凯恩斯露营。

---

① 奥托琳·莫雷尔（1873—1938）：英国贵族、社交界名人。她的资助在艺术和文化圈很有影响力，她扶助过的作家有阿道司·赫胥黎、西格里夫·萨松、T. S. 艾略特和 D. H. 劳伦斯。

② 鲁伯特·布鲁克（1887—1915）：英国诗人、费边社成员，第一次世界大战爆发后参加海军，其成名作为十四行诗组诗《一九一四年和其他诗篇》。

第四章

伦纳德·伍尔夫从锡兰回来度假，他决定和弗吉尼亚结婚。尽管在他不在英国的这七年时间里，他们一封信也没有通过，然而在利顿·斯特雷奇来信的鼓励下，他相信她可能会接受自己。伦纳德回来后他们见过几次，弗吉尼亚想象着他在蛮荒之地的放逐生活，庆幸地发现他并未因为“射杀老虎、吊死土著人和统治威尔士那么大的一个省”而改变。而他也轻而易举地重新融入了布卢姆斯伯里的氛围中。他没有利顿·斯特雷奇的智慧、罗杰·弗赖的活力，也没有克莱夫·贝尔的亲切，但他的思想像沃土一样丰富并具有创造力。弗吉尼亚早已经因为他曾经爱索比而爱上了他。就像他在自传中承认的，殖民地的工作在他性格上留下的永久烙印，就是“对于正确和得当的事情，我是一个坚持的人”。我印象中的他很和气，但又令人望而生畏。他对孩子的手足无措也让我们很尴尬。他的双手总在发抖，就连端杯茶都会洒出来，这让我们惊诧不已。二十五年之后，在弗吉尼亚的日记里，她注意到他这种从幼年就一直存在的颤抖可能“错误地塑造了他的人生”。如果没有这样的痼疾，“他在人际交往中显露出的羞涩与痛苦，他所表现出的尖锐和坚定一定不会如此强烈”。很难想象这样一个身材瘦削、衣着不合身的男人竟会是个充满激情的爱人，但他确实如此。

弗吉尼亚邀请他来费勒住了几回，在一次散步中，他们发现了阿希姆，一栋漂亮的摄政时期的房子。弗吉尼亚和瓦奈萨一起把它租了下来，并在1911年底从费勒搬了过去。差不多就在同时，费兹洛广场的租约也到期了，然后弗吉尼亚租下了布朗斯威克广场38号，这是一幢在布卢姆斯伯里的大房子，她和艾德里安、梅纳德·凯恩斯和邓肯·格兰特合住。12月伦纳德也搬了进来。头一次，他们的家里安装了电话。弗吉尼亚虽然对这个新设备没有什么异议，但她坚持通过书信这种文明的方式和分别中的朋友们进行交流。正因为此，我们才能得以深入地了解伦纳德当年的求婚。

他们之间的亲密关系迅速增进。他在1912年1月第一次向她求婚，被她婉拒了。5月他再一次求婚的时候，她又犹豫了，而且很坦白地告诉了他原因。她的精神状态不稳定，她说她可能成为他的负担。此外，“有时候我对你那种强烈的欲求感到恼火”，这可能是她无法回报的。再者，“可能你的犹太人民族性在这一点上也有影响”。这本来不是很严重的问题，但弗吉尼亚偏偏继承了她父亲的某种反犹太的民族偏见。这样的证据在她的信件中随处可见。她在1905年去西班牙的路上给维奥利特·迪金森写信:“船上有太多的葡萄牙犹太人和其他讨厌的东西，我坐在葡萄牙犹太人旁边的一个平台上。她们的汗水融进了抹在脸上的粉里，结成了硬块，风一吹直掉渣儿。”直到1933年，她形容与知名哲学家以赛亚·伯林(Isaiah Berlin)[①]初次见面的情形时，仍说“一看他的长相就知道他是一个葡萄牙犹太人(为什么总是葡萄牙犹太裔?)”。她开始吹嘘伦纳德的犹太人身份，好像她不顾这一点下嫁于他是多么了不起的事情。1930年她告诉后来成为其密友的埃塞尔·史密斯:“我多么痛恨嫁给一个犹太人——我多么恨他们的鼻音，他们东方风格的首饰，还有他们的鼻子和下巴下面那堆松塌塌的皮——我是多势利的一个人啊，就因为他们拥有无比的活力。”她可不是唯一有此想法的人。在《岁月》(1937)中，人们可以听到那个时代来自她那个阶层的声音:

① 以赛亚·伯林(1909—1997):英国哲学家、政治思想史家，20世纪最著名的自由主义知识分子之一。

“有人走进来吗？”她双眼注视着门口。

“那个犹太人。”她喃喃自语。

“那个犹太人。”他说。

他们侧耳聆听。他现在可以听得很清楚。

有人在拧开水龙头；有人在对面的房间里洗澡。

“那个犹太人在洗澡。”她说。

“那个犹太人在洗澡。”他跟着她又说了一遍。

“然后明天浴缸里面就会有一圈油印子。”她说。

“那个该死的犹太人！”他喊了起来。

赫米奥娜·李（Hermione Lee）在其所著的弗吉尼亚·伍尔夫的传记中指出，英国上流社会的反犹太主义一直延续到两次世界大战之间。我们不能对弗吉尼亚在这方面的表现过分苛责，毕竟她没有恶意；但这也是让人不快的。

伦纳德感觉到她对嫁给他这件事所持的保留态度已经逐渐有所改观。瓦奈萨鼓励他（“我认识的人当中，你是我唯一可以想象成为弗吉尼亚丈夫的人”），弗吉尼亚对他的迫不及待并没有表现出讨厌，所以他冒险辞去了殖民地公务员的职务，一直等着。接下来在5月29日，当他们俩在布朗斯威克一起吃完午餐之后，非常意外地，弗吉尼亚告诉伦纳德，她爱他并且愿意和他结婚。他们去泰晤士河划船以平复两人激动的情绪。她向所有的朋友都宣告了这个消息。她写信给珍妮特·凯斯：“我要嫁给伦纳德·狼[1]了——他是个犹太穷人。”接着伦纳德带她去了帕特尼（Putney）他母亲家。这次会面并不成功。伍尔夫太太没有受到参加自己儿子的婚礼的邀请，自然十分难过。1912年8月10日，婚礼在伦敦圣潘克拉斯登记处举行，瓦奈萨、达科沃斯兄弟、邓肯·格兰特、罗杰·弗赖和其他几个人见证了这场婚礼。克莱夫在戈登广场为他们准备了午饭。他们就这么结婚了。弗吉尼亚三十岁，伦纳德三十一岁。

如果蜜月是对夫妻关系是否和谐的第一次考验，那么总体而言他们的蜜月还算成功，当然除了一件事。在阿希姆住了一晚之后，他们在萨默塞特的霍尔福德（Holford）的普劳旅馆又住了将近一个星期。在那里他们的夫妻生活肯定因为楼下酒吧的喧哗而深受其扰，直

① 这里弗吉尼亚误将Woolf（伍尔夫）拼作了Wolf（狼）。

瓦奈萨·贝尔所绘的伦纳德·伍尔夫。“很难想象这样一个身材瘦削、衣着不合身的男人竟会是个充满激情的爱人，但他确实如此。”（©National Portrait Gallery，London）

到今天这个酒吧还是很吵闹。然后他们去法国、西班牙和意大利玩了六个星期，并把他们一路的游历坦白地写在了信里。布卢姆斯伯里的朋友们强烈地想要了解这位名为“弗吉尼亚”（同时也是处女的意思）的新婚妻子是如何应付她丈夫的合法欲求的。她无法招架。在萨拉戈萨（Saragossa）她写信给凯·考克斯：“你觉得人们为什么对婚姻和性交这么小题大做津津乐道？我确信所谓性高潮是被过分夸大了。”伦纳德向瓦奈萨坦承，在他看来弗吉尼亚的表现不尽人意。瓦奈萨建议他用鞭子试试。但这一次并不是他们性生活的结束。他们同床睡了好几个月，同房睡了好几年，直到弗吉尼亚的医生提醒伦纳德她的精神和身体都过于脆弱，无法孕育孩子，而且性兴奋可能会引发新一轮的疯狂发作，他们才决定放弃。从那之后，虽然他们几乎总在一个屋檐下，却很少睡在同一个房间里。但是他们仍然会亲吻和拥抱。我曾经用“冷淡”这个词来形容弗吉尼亚的性趣。这个词用得不合适。他们在偶尔分离时写给对方的信都充满了炽热的爱意，像是1916年4月她写给他的信：“毫无疑问，我疯狂地爱着你。我一直在想你现在在做什么——但我不得不停下来——因为这让我特别想吻你。”所有这些信几乎让我们确信，在他们三十年的婚姻中，在一次又一次被拒绝后，伦纳德实际上一直过着单身生活，并最终将对弗吉尼亚的激情升华了。

他们的蜜月没有成功地孕育出一个孩子，却带来了文学上的结晶——两篇修改成型的小说初稿，一人一篇。伦纳德的小说是根据他在锡兰的经历所著的《丛林中的乡村》（*The Village in the Jungle*）；弗吉尼亚的则是《美林布罗西亚》，现在更名为《远航》，是她在伦纳德出国的七年时间中写成的。《丛林中的乡村》在他们回来之后很快就出版了，而弗吉尼亚的小说因为她一直不满意（已经修改了五稿了！）又延迟出版了，直到 1913 年 3 月，她才将小说的打字稿交给了她认识的唯一的出版商，她同母异父的哥哥杰拉尔德·达科沃斯。为了这个她所讨厌的男人的决定，她焦急地等待了一个月。杰拉尔德接受了稿件，但是因为弗吉尼亚病情的复发，出版再次被长时间地延后了。《远航》直到 1915 年 3 月才出版，彼时她又一次陷入了精神错乱。

造成这次精神崩溃的主要压力来自完成和修改这本书，用伦纳德的话来说就是“一种强烈的折磨”，但是还有其他的压力——他们强加于自身的过于紧凑的时间表和1914年8月战争的爆发。一开始他们在伦敦的法定区和阿希姆之间轮流居住。伦纳德开始深入参与到政治和新闻业中，他特别关注在英格兰中部和北部直至格拉斯哥进行的合作运动。弗吉尼亚陪他去了格拉斯哥，她为当地那些与布卢姆斯伯里完全不同的人和事感到困惑，但她对自己表现出的对伦纳德的忠诚很是得意。为生活所迫，他们必须要挣钱。不能说他们一贫如洗。弗吉尼亚从她父亲、斯特拉、索比和她姑妈艾米莉娅那里继承了属于她的那一份遗产，总共约九千英镑，这笔钱拿去投资，每年能带给他们四百英镑的收入。伦纳德没有固定的工作，他的财产只有五百英镑，这是他一次赌博赢来的六百九十英镑剩下的。这些钱远远不够。两栋房子、在两个住所之间的奔波、每个住所雇的佣人、休闲娱乐和购买书籍这些日常开销，使得他们需要比目前资产所能提供的多一倍的收入。他们不能靠写小说生活。在十五年的时间里，《远航》为弗吉尼亚挣了只有不到一百二十英镑。所以伦纳德坚持做一名政治记者，而弗吉尼亚继续为《泰晤士报·文学副刊》写文章和评论，直到压力大到让她无法承受时，她崩溃了。

她强大的理智和丰富的想象力相互较量着，而后者有时候会控制她。她胡言乱语、头痛欲裂、产生幻听，而且睡不着也吃不下。1913 年里有三个月的时间，她的情况非常糟糕以至于有传闻说她确实疯了，而伦纳德认为还是把她送回特威克纳姆（Twickenham）她两年前曾待过的疗养院比较明智。她没有过多反抗，给他写了很多情深意切的信："昨晚你走后我从床上起来穿好了衣服，心里想着回去找你。你真的是代表了所有美好的事物，而我躺在这里满脑子想的都是你。"在两周的精心照料下，她的情况好转了，可以回阿希姆了，但是回去以后她的精神状态又一次恶化了。伦纳德听从了医生的一个古怪建议，带弗吉尼亚去了霍福德他们曾度蜜月的那个小酒店。这并没有起到作用。她仍然有幻听的情况。于是他们返回伦敦，到布朗斯威克广场和艾德里安住在一起。就是在那里，弗吉尼亚第二次尝试自杀。伦纳德把一小瓶巴比妥药片放在了外面，他要不时地给她一片帮助她入睡。他出门的时候，弗吉尼亚吞下了一百片药片，然后立即陷入了昏迷。幸运的是，当时和艾德里安合住一个房间的杰弗里·凯恩斯（梅纳德的兄弟）是圣巴多罗马医院的一名外科医生，他立即意识到她正处在死亡的边缘。他开车带着她在街道疾驰，一路对警察大喊"我是医生！我是医生！紧急情况！紧急情况！”就这样终于成功地把她送到医院，及时进行洗胃，救了她一命。整整两天之后，她才恢复意识。

阿希姆不够大，住不下她当时所需的两名看护，他们接受了她异父哥哥乔治·达科沃斯的好意，借住在他位于苏塞克斯的豪宅，这幢房子里配有全班的佣人，还有各种豪华的设施。他们在那儿住了两个月。1914 年夏天，他们搬回了阿希姆，当年 8 月战争爆发了。他们觉得没有必要因为这个就取消他们在诺森伯兰郡（Northumberland）的假期安排。从那回来以后，他们再度开始寻找新的住处。在里士满绿地（在路边停放的车辆毁掉那里的宁静之前，那儿是昔日伦敦最美妙的地方之一）待了两个月之后，他们找到了一个田园牧歌般的住所——霍加斯宅，这房子有一个一百英尺见方的花园，他们也想办法租了下来。天知道以他们当时捉襟见肘的财务状况，加上那些破烂不堪的家具，是怎么熬过如此频繁的搬迁的。

1915 年 2 月，在伦纳德洽谈霍加斯房屋租赁事宜的同时，弗吉尼亚正深受另一次也是她最严重的一次精神崩溃的折磨。伦纳德把她的状况形容为“一个充斥着狂怒、绝望和暴力的噩梦一般的世界”。她不像以前那样只是睡不着觉和拒绝进食，她已经从完全清醒的状态进入一种喋喋不休的精神错乱。她不停地东拉西扯，有时能说上好几个小时，直到昏厥。伦纳德无法为她做任何事。除了责骂他，她很少跟他说话，但幸亏有了他的陪伴，她才熬了过来。

他们把还在发疯的弗吉尼亚移到了霍加斯宅，又想办法筹到了四名住家看护的薪水。直到1915年9月，她才回到阿希姆，但仍需要一名护士随行。在那里，弗吉尼亚开始了缓慢的恢复过程，这让她在接下来的二十五年时间里都保持着清醒。

第五章

这些经历是如此的痛苦，以至于伦纳德这个国际事务的头号专家竟然没有注意到欧洲战争的爆发。因为双手会不时地颤抖，他被免服兵役。试想如果端一杯茶都要洒出来，那他应该会对他的战友而不是敌人更加危险。他很高兴不用去服兵役，因为如果抛下弗吉尼亚她肯定会再次自杀，而且他已经差不多被朋友们的和平主义观点说服了。布卢姆斯伯里圈子的所有成员都是有良知的反战主义者，他们更多是基于道德而非政治的立场。如果把他们拉到法庭之上确认他们的动机，那么除了凯恩斯之外，其他人都会说他们完全不赞成把战争当作一种政治策略，前者认为既然在生活中战争已成事实，就应该尽可能让其行之有效。克莱夫·贝尔出版了一本题为《立即到来的和平》(*Peace at Once*)的小册子，因为其中宣扬的战败主义者论调而被伦敦市长下令销毁。克莱夫的立场很有逻辑性：与其让大屠杀继续还不如早日投降。伦纳德没有克莱夫那么极端。在坚持这是一场“毫无意义并且毫无用处的战争”的同时，他仍然希望英国能够获胜。但他并不赞赏那些士兵的个人英雄主义，并且因此和鲁伯特·布鲁克这样的朋友彻底决裂。彼时，鲁伯特心中唱着写给维奥利特·阿斯奎斯(Violet Asquith)

的一首歌——“哦维奥利特，我无法想象命运能如此地青睐我。哦，上帝啊，我这一生从未如此幸福过”，奔赴达达尼尔海峡（Dardanelles）前线。

弗吉尼亚的态度和伦纳德不同。她对战争之事几乎未置一词。对她而言，这场夺走了上千万年轻人生命的人类历史上最大的战争跟她一点关系都没有。战争只是坚定了她对于男性主导下的社会的怀疑。这是“一部荒谬的男性小说”，爱国主义是“一种卑劣的情绪”。“如果他们必须要打仗的话就让他们打去吧，但他们表现得像中非的某个奇特的部落。”当伦纳德的一个兄弟被杀而另一个身受重伤时，她在日记里写的不过是，“周日我们听闻了塞西尔的死讯和菲利普的伤情”，对她感到的伤痛却只字不提。为了躲避空袭，她夜夜睡在霍加斯宅的地下室。尽管她在日记中也提到了这些事情，但从未对它们发表评论。对这场战争，她始终保持漠不关心的态度。既然她在其中起不到任何作用，也无需将它记录下来。在法国的几次大战役——枪炮声甚至都传到了阿希姆——美国宣战还有俄国革命，她都没有在信件或日记中提起。但战争对她也造成了冲击。在弗吉尼亚后来的作品《雅各布的房间》和《岁月》中都有描绘战争的场景，就像我们可以从简·奥斯丁的《劝导》中听到遥远的海军炮击声一样。

在战争中，布卢姆斯伯里人选择了种地作为唯一被政府和他们自己所接受的参战的另一种方式，奥托琳·莫雷尔为利顿·斯特雷奇、克莱夫还有其他人在加辛顿（Garsington）提供了这样一个避难所，那里只有很少的劳动力。邓肯·格兰特代替罗杰·弗赖成为瓦奈萨的新欢，而正爱着邓肯的戴维·加尼特（David Garnett）——“小兔子Bunny”——开始在萨福克郡（Suffolk）的水果园工作，直到弗吉尼亚做出了改变他们人生的搬迁之举。她发现了查尔斯顿，这是地处唐斯北部靠近费勒的一个很大的苏塞克斯式农庄，她说服瓦奈萨把它长租下来，这样两个男人就可以在当地的农场完成他们的战期劳役。1960年10月，邓肯·格兰特、罗杰·弗赖、戴维·加尼特和瓦奈萨的两个儿子搬到了那里，而克莱夫作为有名无实的丈夫和父亲，更像是个受欢迎的客人，他们为他长期保留了一个房间。罗杰·弗赖曾写到这个奇特的家庭关系：“这几乎就是一个完美的家庭，它组建在通奸和相互容忍的基础上，克莱夫是个被欺骗的丈夫，而我则是个被抛弃的情人。这不啻为合理性对传统的一场胜利。”瓦奈萨和邓肯自此住在查尔斯顿直至终老，从那时起那里就成为保存布卢姆斯伯里圈子艺术、生命力、关系和品味的最持久的纪念馆。

弗吉尼亚的疾病消磨了她和伦纳德近三年的时间，经过这次磨难，他们经济窘迫，急切地盼望开展全新的事业。他们的适应能力非常强。弗吉尼亚继续她的新闻写作事业，而伦纳德则更深入地参与费边社活动和工党政治。他们在阿希姆和伦敦之间换着住。在伦敦，弗吉尼亚要上意大利语课，并和朋友们保持着来往，在这些朋友之中，彼时利顿·斯特雷奇对她最重要。她在日记里提到他"是最具有同情心、最善解人意的可以倾心的朋友……如果加上他那风格独具的思想、他的幽默和无限的智慧，他简直就是一个无可替代的人"。战期劳役把"布卢姆斯伯里人"（弗吉尼亚现在经常把这个词作为集体名词使用）分散了，但其核心仍在欧米加工作室（Omega Workshop）中保留了下来，这个由罗杰·弗赖创办的工作室既为年轻艺术家们解决了工作问题，也给他们提供一个场所实践装饰艺术，小至一个盒子，大到整个房间。

弗吉尼亚和伦纳德的兴趣不同，但她时不时也陪他参加政治活动，虽然很多并不对她的胃口。她这么形容费边社会主义者西德尼·韦伯的夫人：“她向人猛扑过去，就像一只正在蜕毛的老鹰，颈子光秃秃的，尖喙上还带着血渍。”在伦纳德成为工党国际与皇家事务委员会的秘书和忠诚的社会主义者之后，弗吉尼亚觉得很有必要贡献一些她自己的想法。“弗说我们应该放弃我们的全部财产，”伦纳德在日记里写道，“我说这简直是胡说八道。”但她毫不气馁，当上了妇女合作协会（Women's Cooperative Guild）里士满分会的主席，每个月召开会议并由她的朋友们作报告，尽管很多时候只有寥寥十二个听众。这仿佛是莫利学院的重演，只不过主题变了。当她提议就性病作个讲座时，女会员们大为震惊。这项工作弗吉尼亚坚持了两年时间。毫无疑问，她想要了解工人阶级的精神状态的愿望和她巨大的失败都是真实的。但这并不是她生活的中心。她已经开始了第二本小说——《夜与日》（*Night and Day*）的创作。

伦纳德在自传中描写了弗吉尼亚如何深深地沉浸于她的作品之中。在此引用这一段描述非常必要，因为没有人比他更清楚写作是如何造成弗吉尼亚的精神压力的：

我还从来没见过有谁工作起来比弗吉尼亚还要紧张、不知疲倦和全神贯注，特别是她在写小说的时候。小说成了她的一部分，而她自己也被吸了进去。她只在上午十点到下午一点期间工作，然后通常会在下午用打字机把手写的内容打出来。但当她在伦敦的街道或是在苏塞克斯郡的唐斯散步时，一整天这本书都会不自觉地在她脑子里盘桓，或者她自己会像梦游一样穿行在书里。正是她这种全身心的投入使她的精神疲惫不堪。

除了散步和舞会，伦纳德认为弗吉尼亚还需要其他消遣，而她也完全同意。他没有提议园艺或织毛衣，而是再次提出了要买一台印刷机的想法。“这能让她彻底不再想她的工作。”他是这么考虑的。他并不打算把这个作为避免精神崩溃的治疗手段，而是一种娱乐。虽然他们俩都这么想，但因为决定要印刷和销售小册子，这件事就变得更像一个雄心勃勃的事业而不仅仅是兴趣爱好，尽管弗吉尼亚有一次用“爱好”这个词来形容它。在出版这一行他们是门外汉，却热情高涨。在里士满绿地一名印刷工的热情帮助下，他们通过手册自学了如何操作手动印刷机，这个印刷机自他们1917年4月买下来后就一直放在霍加斯宅的客厅里。付诸大量的辛劳之后，他们的第一本书《两个故事》（*Two Stories*）得以付梓，里面的一个故事是伦纳德写的，另外一个是弗吉尼亚的《墙上的斑点》（*The Mark on the Wall*），插图是斯莱德艺术学院的学生多拉·卡林顿（Dora Carrington）所做的木刻版画。这本书用他们自己的品牌霍加斯出版社（Hogarth Press）的名义出版，并以每册一先令六便士的价格卖给他们的朋友。他们印了一百五十册，还剩二十七册的时候，伦纳德把价格涨到了两先令。他想做一个商人，而不仅仅是一个印刷工兼出版人。在我母亲维塔遇见弗吉尼亚之前，克莱夫给了她一本。维塔去世后，我把这本书珍藏起来，但是却愚蠢地在一群访客面前吹牛说最近有一册书在拍卖会上卖到了八千五百英镑。两天后，这本书就从维塔的书架上消失了。我再也没有见到它。

他们遇到的困难是巨大的。伦纳德选择的这个行当需要和细小的金属件打交道，对一个双手剧烈颤抖的人来说这很难想象，所以他把这活儿分配给了弗吉尼亚，但对她而言这肯定不是休息疗法。她一站就是好几个小时，把字母“m”和“n”分开，然后和其他字母一起逐字逐句地排在印刷机尺上，当排好五行之后，她把字母递给伦纳德，他放在他的小机器上。他们一次无法印刷超过两页，因为排版盘不够用而他们又买不起更多的。弗吉尼亚会把还带着油墨的文字拆散，再把这些字母放到正确的卡槽里以便重新开始排版。他们最早的产品由于能力所限，不堪入目：版式很难看，墨色深浅不一，封面也经常会掉下来。

出乎意料的是，弗吉尼亚居然喜欢这个活儿。“你想不到这是多么的兴奋、欣慰、高尚而又令人心满意足。”她写信给玛格丽特·卢埃林—戴维斯（Margaret Llewelyn-Davies），而她选的这些形容词也非常贴切。让她高兴的不仅仅是印刷，还有她孩提时代就体验过的装订。对伦纳德而言，更高兴的则是掌握了一门技术，还有一桩生意。他很自豪只用二十英镑的资金（手动印刷机、排版盘和其他一些必要工具的成本）就开办了一个企业，并且仅靠销售收入——除此之外没有更多的资金注入——就维持了数年。他们的常规运营开销几乎为零，因为家就是办公室，他们自己也不领薪水，而当他们开始雇用芭芭拉·海尔斯（Barbara Hiles）和拉尔夫·帕特里奇（Ralph

Partidge）做助理时，也只付给他们微薄的工资。从一开始，霍加斯出版社就获得了可观的利润。

在出版小说的同时，他们决定发行其他商业出版社敬而远之的诗歌和小册子，并且只通过订购的方式销售。就像弗赖成立欧米加工作室来培养年轻艺术家那样，伦纳德希望为新生代作家寻找市场。此外，伍尔夫夫妇也可以出版他们自己的书，而无须忍受杰拉尔德·达科沃斯这样的外人来指手画脚。出版社发行的第三本书是凯瑟琳·曼斯菲尔德（Katherine Mansfield）[①] 六十八页的故事《序曲》（*Prelude*），第四本是T. S. 艾略特的《诗集》（*Poems*），第五本是弗吉尼亚的《邱园记事》（*Kew Gardens*），在1920年又出版了E. M. 福斯特的《塞壬的故事》（*The Story of the Sirens*）。起初，他们限制自己一年只出两本书。随着生意蒸蒸日上，1921年他们购买了一台二手的米涅瓦滚筒印刷机，这台机器比原来那台要大得多，用脚踏板操作。就是在这台机器上，他们印刷了艾略特的《荒原》（*Waste Land*），"它对英国诗歌乃至整个英国文学产生的影响比20世纪任何其他的书都要深远"，

---

① 凯瑟琳·曼斯菲尔德（1888—1932）：英国女作家，以描写内心冲突的短篇小说著称，代表作有短篇小说集《幸福》《园会》等。

伦纳德如此评价道。弗吉尼亚用自己的双手排出了整首诗，而伦纳德把它印了出来。一开始书的销售情况并不尽如人意。出版六个月之后，这本书只卖出去三百三十册，出版社由此挣到了二十一英镑，而艾略特只挣到了七英镑。霍加斯出版社就是从这么小的规模开始起家的。没人知道原来那台手动印刷机怎么样了。在用滚筒印刷机又印刷了二十种书之后，1930 年伦纳德把它卖给了我母亲，它至今仍被安放在锡辛赫斯特（Sissinghurst）的烘干房里，这个毫无生气的金属庞然大物看上去就像是中世纪的刑具。

我绝没有夸大伍尔夫夫妇从出版社得到的快乐。它的成功确实是出版业的传奇之一：从玩票起家，逐步发展成至今仍生存着的专业出版公司。但是就像腓特烈大帝（Frederick the Great）[①] 对于吹笛子的喜好，出版社给他们带来的不再是趣味盎然的娱乐而是无休无止的繁琐劳作。弗吉尼亚被迫要花上好几个小时分配字母和排版，一边

---

① 腓特烈大帝（1712—1786）：普鲁士国王，1740 年至 1786 年在位，统治时期普鲁士军力大规模发展，领土大举扩张，使普鲁士在欧洲大陆取得霸权。腓特烈大帝是欧洲历史上最伟大的名将之一，并且在政治、经济、哲学、法律，甚至音乐诸多方面都颇有建树。

惦念着自己的创作，一边审阅别人的稿件，当然还有与作者和艺术家之间免不了的误会。他们不止一次想要收手不干了（“这比同时给六个孩子哺乳还要糟糕，”弗吉尼亚在绝望的时候写道），但却从没有这么做。

在得到《荒原》的稿子之前，有人给了他们同样大胆的詹姆斯·乔伊斯的《尤利西斯》（*Ulysses*），但他们拒绝了这本书，部分是因为以他们这种蜗牛般的速度排好版要两年的时间，而伦纳德又找不到一个商业印刷厂甘愿冒因出版淫秽书籍而被起诉的风险，另外则是因为弗吉尼亚她自己觉得这本书品味低下。她觉得这本书“是一个有趣的尝试”，但当她给尼克·巴格纳尔（Nick Bagenal）写信时又说：“尽管芭芭拉（尼克的妻子）已经结婚，我还是犹豫要不要把稿子交到她的手里。书中所写的事和赤裸裸的语言……甚至都让我脸红。”弗吉尼亚承认一本书居然不堪到了超出她的忍受范围，这在关于她的记录中是绝无仅有的。据说她改变了主意想再读一遍。但我没找到关于这点的证据。1922 年她给利顿写信：“我从来没有看过这样的满篇胡话。前面那两章还勉强说得过去，但第三章、第四章、第五章、第六章——简直就和克拉里奇酒店里抠着青春痘等生意的擦鞋童一样无聊。”霍加斯出版社最想要却没有得到的稿子是斯特雷奇写的《维多利亚时代名人传》(*Eminent Victorians*)，这本书出版于1918年5月，书中对战前英雄人物所持的布卢姆斯伯里式的贬抑竟出人意料地被广泛接受了。

我们可以从弗吉尼亚的日记和书信中了解到她几乎每天的生活。日记对她来说就像一个吊床，可以躺在上面思考一些事情；而书信则像一张蹦床，是做文学练笔以及和朋友们说长道短用的。日记的主导情绪是忧郁的，而书信中表达的则是兴奋和快乐的感情。她的日记从不示人，而很多信件在看过一次之后就被束之高阁了。这些日记和信件表明战争快结束的那几年，她的生活变得异常充实。她一边忙于合作主义运动，一边给自己和别人找乐子。当时她正在写《夜与日》的最后几个章节，写第一部小说时所体会的艰辛与自我怀疑此时荡然无存。与《远航》相比，她觉得“这本书要成熟得多，完整得多，让人满意得多”。但之后她告诉伦纳德她写这本书“权当是练练笔”，以便在写《雅各布的房间》之前证明自己能写传统意义上的小说。她说：“我写任何作品都没有像写《夜与日》下半部那样如此享受写作。”不过她创作期间的日记和信件中，对此几乎只字未提。保存下来的资料为我们提供了一丁点儿蛛丝马迹。1918年11月11日，第一次世界大战停战纪念日，她给瓦奈萨写信："这么喧哗吵闹让我怎么写我的最后一章。"她说的"吵闹"是指霍加斯宅门外里士满社区举办的"一战"胜利庆典。她的大多数信件都是说谁结婚了或者谁有可能要结婚了，苏塞克斯唐斯的美丽风景，或者描述左翼政治家、青年艺术家和知识分子聚集的"1917俱乐部"里的舞会，要么就是深情或略带恶意地责骂朋友，比如她形容威尔·阿诺德－福斯特（Will Arnold-Forster），"他杂种狗一般的身体，他的脸上脂啊粉啊的涂了一层又一层，看上去就像一个精心修饰的乡下老妓女"。他因为娶了凯·考克斯而招致了弗吉尼亚的厌恶。再比如下面这段描述她单独与奥托琳·莫雷尔共进晚餐的情景：

> 这顿饭僵僵巴巴地总算是过去了。这个可怜的女人全身发疹子，她把黑色的药膏敷在上面试图让自己看起来楚楚可怜——但是疹子从膏药的边缘都渗出脓来了。要把她打醒进入现实生活真是太难了。和她见面必须得做弯腰鞠躬、右脚擦地后撤行礼等古怪滑稽的动作……

她说我穿得那么好看以至于她觉得自己又老又丑，我就说："我亲爱的奥托琳，您就像一棵钻天杨，无需借助衣装就能让我们所有人自惭形秽。"她喜欢我这么说。

这些讽刺之辞都不是善意的。但她这么写是为了让瓦奈萨开心一小会儿，而不是让一代又一代的学者研究一个世纪。

在那段时间里，她给瓦奈萨写信最频繁，尽管有好几周她们相隔只有四英里。弗吉尼亚在给姐姐的信件中很注意措词，似乎担心会失去她。在复制瓦奈萨为《邱园记事》创作的木版画这件事上，她们起了小小的争执。瓦奈萨说她奇怪霍加斯出版社怎么不关门大吉，专业的印刷厂商生产的书比他们的好多了。这话伤害了弗吉尼亚。对她而言，瓦奈萨就像一个女神，虽然是一个异教徒，"却有一种与生俱来的虔诚"，她是一个放纵的圣母，有时候沉默寡言，十分神秘，但是精力充沛，很能干又很安详。瓦奈萨勇敢又坚强，像一块磁石一样，一边吸引她爱的几个人，一边排斥对她想入非非的其余大多数人。她现在已是三个孩子的母亲。1918 年圣诞节，她在查尔斯顿生下一个女儿，起名为安杰莉卡（Angelica）。孩子的父亲不是克莱夫，而是邓肯，整个布卢姆斯伯里圈子的人都知道（或能推测出这个结果），除了安杰莉卡自己，她直到十七岁时才被告知真正的父亲是谁。后来，安杰莉卡写到她的母亲，“尽管她少言寡语，但身上散发着巨大的能量，一种辛辣刺激的气味，就像一根被碾碎的鼠尾草”。

伍尔夫夫妇如何能够用如此微薄的收入维持这么大的开销，真的可以算是一个谜。当时伦纳德已经是国际关系领域的高产作家了，他还为《国际评论》（*The International Review*）做了一段时间的编辑，但他的稿费和薪水都少得可怜。尽管《夜与日》好评如潮，但该书为出版人杰拉尔德·达科沃斯赚到的钱远远多于作者的稿酬。弗吉尼亚通过新闻写作获得的年收入大约是一百英镑。在最初的四年时间，霍加斯出版社的全部净利润是九十英镑。弗吉尼亚的投资产生的利息稍微涨了一点点。但他们是如何用这样的收入，维持伦敦和乡下两栋房子的运转的？不仅如此。他们还以十五英镑一年的租金在康沃尔租下了 D. H. 劳伦斯在战时住过的三栋村舍，伦纳德以一千九百五十英镑的价格买下了霍加斯宅和与其相邻的房子的永久产权。由于阿希姆的房东要把房子

1918年邓肯·格兰特所绘的瓦奈萨·贝尔。对弗吉尼亚而言，“瓦奈萨就像一个女神，虽然是一个异教徒，‘却有一种与生俱来的虔诚’，她是一个放纵的圣母，有时候沉默寡言，十分神秘，但是精力充沛，很能干又很安详”。（©National Portrait Gallery，London）

给他的管家住，他们只好终止租约。弗吉尼亚在刘易斯市中心用三百英镑买下了圆形屋（其实是风车磨坊的残余部分）。没有证据显示他们在这儿或是康沃尔的村舍住过一个晚上，因为1919年6月他们在距离刘易斯五英里远的罗德麦尔村发现了僧舍（Monk's House）。他们卖掉了圆形屋，挣了点钱，然后在拍卖会上成功地以七百英镑竞拍到了僧舍。

僧舍和它的姐妹屋查尔斯顿，比任何其他遗址更能代表布卢姆斯伯里。瓦奈萨和邓肯一直住在查尔斯顿直到终老，而僧舍是弗吉尼亚余生在乡间的唯一住所，伦纳德一直住在那里直到1969年去世。现在，这两所房子都已或多或少地还原了当时的布置，查尔斯顿保留了许多原来的装饰品和绘画，而僧舍则保留了原先的家具。弗吉尼亚在僧舍和伦敦两处轮换着住，正是在那里，她写下了除最早的两部小说之外的所有作品，而房子的简单朴素也彰显了她的品味与性格。

这不是一栋漂亮的房子，住着也很不舒服。1919年9月，弗吉尼亚和伦纳德把书和家具装在两辆农用拖车上，从阿希姆搬了进来，就像勃朗特一家从桑顿搬到哈沃斯那样。家里没有自来水，没有电，没有浴室，阁楼上有一个气味难闻的撒土厕所，厨房只有一个用来做饭的煤油炉。从窗户望出去看不到什么美景，花园也不过是杂草丛生的灌木丛。不过果园经过一番收拾还是能变得很漂亮，而且从屋外的草坪上远眺可以越过乌斯河谷一直看到唐斯，这才是最吸引他们的。僧舍是通向河边的道路旁最靠后的一栋房子。除了教堂的钟声和小孩子们在学校里的叫嚷声，他们可以专心工作不受干扰。

他们一点点仔仔细细地收拾这房子，并且冒着交情泡汤的风险在装修好之前就邀请朋友们来家里过夜，好在布卢姆斯伯里人最招人喜欢的性格之一就是他们从不追求奢华也不抱怨不舒适。要是做家庭旅馆，僧舍连一颗星都评不上。我还记得在伍尔夫时代，那房子很朴素，比小村舍大很多，比别墅又小很多，房子实际并不简陋，但一点儿也不整洁，地上残留着宠物食品的酱汁，狭小楼梯的每一级上都散乱地堆放着书本。在弗吉尼亚的书开始挣钱以后，他们对房子进行了扩建（抽水马桶是以达洛维夫人命名的）。《奥兰多》（*Orlando*）的出版收入使他们能够为弗吉尼亚的卧室再添上一间小屋子，但伦纳德无论如何也算不上是建筑师，他盖出来的这间屋子，既不能直接通到主建筑，也没有浴室和厕所，而且弗吉尼亚躺在床上的时候园丁可以从窗户一目了然地看见她。他们夫妻俩都缺乏视觉鉴赏力。整个建筑里最赏心悦目的莫过于欧米加工作室搬来的桌椅和壁炉周围镶嵌的瓦奈萨送的花砖。甚至伦纳德喜欢的花园，都被他用装饰水池、瓮和雕塑堆砌得极不协调。弗吉尼亚有一次问我母亲对花园的看法，维塔犹犹豫豫拐弯抹角地回答："你不能在苏塞克斯四分之一英亩的土地上重建一个凡尔赛宫。这就是不可能的事儿。"弗吉尼亚买了一个小木屋，把它安置在花园里能看到凯伯恩山的那个角落。夏天的那几个月，她就在这个小木屋里写作。她去世后，木屋的面积翻倍变成了一个工作室。为了保持原貌，现在应该又恢复到一半大小了。

1920 年 4 月，她开始写她的第三部小说《雅各布的房间》，也是她第一部真正实验性的作品。她开始探索一种用曲折的描述来暗示重要事实的艺术，那是"未被说出的事情"，通过人物周围人的表现而不是直接描写来刻画人物。她给一位新结识的朋友杰拉尔德·布雷南（Gerald Brenan）[①]写信，那是为数不多的几次她在信中

① 杰拉尔德·布雷南（1894—1987）：英国作家、西班牙语言学家，他最知名的作品是以西班牙内战为背景的历史小说《西班牙迷宫》。

讨论自己的作品："在我看来，一个人的灵魂时时刻刻在重新定位自己。它始终都正处于变化之中，所以没有人能窥到它的全貌。我们最多只能捕捉到那变化中的一瞬，比如某个鼻子、肩膀，一次转身。对我而言，去捕捉这一瞬远比和休·沃尔波尔（Hugh Walpore）[1]、赫伯特·威尔斯坐下来一起画一幅从头到脚、有血有肉的怪物像要好得多。"其他作家不是过于保守就是过于肤浅，甚至利顿·斯特雷奇笔下的维多利亚女王，她也只是有所保留地喜欢。"我觉得还是挺能取悦读者的，"她给利顿写信道，"只是读上去有些过于享受了——我的意思是人们可能愿意承受比你的作品所带来的更多的痛苦。"她轻柔地点到了要害，再稍加安抚。利顿问她是否可以把这本书献给她，她同意了，并坚持要写上全名"弗吉尼亚·伍尔夫"，而不仅仅是缩写"V.W."，以防什么维多利亚·沃姆（Victoria Worm）或是文森特·伍德豪斯（Vincent Woodhouse）之类的抢去属于她的殊荣。

她唯一妒忌的作家是凯瑟琳·曼斯菲尔德。她们俩都在尝试用同一种方式来改变小说的写法，而弗吉尼亚

① 休·沃尔波尔（1884—1941）：英国小说家，著有长篇小说《大教堂》《黑暗的森林》等。

有时候怀疑凯瑟琳要比自己更成功。在性格上，她们截然相反。凯瑟琳，新西兰人，比弗吉尼亚小六岁，咄咄逼人，在性方面更加大胆，并不十分渴望一鸣惊人或取悦他人，甚至有点儿粗鄙，却让人印象深刻。弗吉尼亚善于伤害别人的感情，事后又为之懊恼，而凯瑟琳就完全不当一回事：她还会这么做的。她可能也像弗吉尼亚对她一样，嫉妒着弗吉利亚。她们见面时对彼此都很礼貌，但不在一起的时候又相互苛责。在评论《夜与日》的时候，凯瑟琳说它“老派”、“通篇散发着势利的臭气”，这些评语深深地刺痛了弗吉尼亚，于是她认定——但只是悄悄地写在日记里——她们的友谊“几乎完全建立在流沙上”。她毫不讳言地承认她的妒忌心理（“她得到的赞赏越多，我越确信她不好”），但当1923年三十四岁的凯瑟琳死于结核病时，弗吉尼亚又深情地写文章悼念她，说她感觉松了口气，因为“少了一个竞争对手”，但是她“似乎没有意义再写下去：凯瑟琳看不到了”。她们互相刺激，互相激怒，如同钻木取火。当乔安妮和我在编辑弗吉尼亚的信件时，我们拼命搜寻她写给凯瑟琳的信，因为这些往来通信很可能是她们彼此人生中最重要的部分，但只找到一封仅有三行字、虚情假意地赞扬凯瑟琳的《幸福》(*Bliss*)的字条。当乔安妮·特劳特曼教授在编辑名为《意气相投的朋友》的单卷本弗吉尼亚书信集时，倒是找到了另一封长得多的信，信中弗吉尼亚恭维了凯瑟琳的写作风格，“在我看来你的文章是如此的开门见山、直截了当——就像玻璃一样透彻——精致、充满灵性”。而一年后，她给珍妮特·凯斯写信，却是另一番说辞，“我看了《幸福》，真是太棒了——那么艰涩，那么浅薄又是那么感性，以至于我不得不冲到书柜前找一些书来解渴”，她指的是莎士比亚的作品。这是一段难解的关系，双方对彼此既爱又妒。

战后的那几年，布卢姆斯伯里人又一次聚集了起来。其中十三个人组成了一个叫“回忆俱乐部(Memoir Club)”的社团，直到1956年才解散，更年轻的成员取代了那些已经辞世的人。社团的目的很奇怪：向彼此朗读年轻时的作品集。写这些文章纯粹是为了娱乐，所以他们时常会歪曲事实以满足幻想。但多年后其中一些在出版时，对那些特定情况和下流语言所加的注解都不见了。比方说，弗吉尼亚对乔治·达科沃斯的恶意描写自此给这个保守且还算正派的男人的名誉带来了污点。有很多事布卢姆斯伯里人需要在公开场合保持缄默，但当然不是为之羞愧。这个团体形成了相互独立但彼此联系的小圈子。在罗德麦尔，伍尔夫夫妇快乐地生活着，弗吉尼亚甚至觉得在乡下没有比他们更幸福的夫妇了。在加辛顿，奥托琳·莫雷尔慷慨地招待布卢姆斯伯里人，然而她得到的回馈仅仅是他们的嘲笑，尽管弗吉尼亚很快地加入他们并且承认奥托琳总的来说是个诚实且拥有某种优秀特质的人。在蒂德马什（Tidmarsh）磨坊，利顿·斯特雷奇和深爱他的卡林顿住在一起，不过，利顿爱的却是要迎娶卡林顿的拉尔夫·帕特里奇。在整个圈子的中心查尔斯顿，瓦奈萨以女主人的身份招待她的爱人邓肯·格兰特还有大卫·加内特（David Garnett）。当她的堂姐妹多萝西娅·斯蒂芬（Dorothea Stephen）声称不赞同瓦奈萨的道德观并且不愿意见她的时候，弗吉尼亚将她手中的笔化为火焰喷射器猛烈地攻击她："只有你完全同意瓦奈萨的观点和做法，我才能让你来这儿。"这不仅仅是对姐姐的忠诚，这是对布卢姆斯伯里人的肯定，因为爱情，他们可以选择随便和谁住在一起，无论性别，而这比出于所谓的礼义而与你不再相爱的人住在一起道德多了。

一次又一次，弗吉尼亚病得无法工作。1921 年夏天，因为间歇性发作的头痛和失眠她常常卧床不起，这些都是精神濒临崩溃的症状，有时候她都害怕自己活不长了。当她从一次次发作中恢复过来时，通常会待在康沃尔养病，但一回到伦敦就会立马继续她的社交生活。她从未意志消沉过。她曾自我怀疑但从没有自怨自艾。她深爱罗德麦尔的宁静，怂恿朋友们去那里看望她，在伦敦她甚至很少可以与伦纳德单独吃饭。受邀出去吃饭时，因为她话语间所显现的魅力，人们原谅了她的离经叛道。她说和塞西尔夫人吃饭时，“我大声嚷嚷着那些荒诞不经的事……我辱骂格伦康纳夫人，又攻击鲁伯特·布鲁克：但是在我这个年纪以我的个性如何能够遵从这个世界的规则？发夹直直地掉进我的汤盘，我舔了舔，又重新别回到头发上”。她可以选择表现得彬彬有礼、高雅端庄，尽情享受上层社会的风雅，但只有在霍加斯宅和艾略特或斯特雷奇共进晚餐时，她才感觉最惬意。

她为人慷慨大方，但不是在金钱方面，因为她手头并没有闲钱，她不吝啬的是时间和耐心。她给雅克·拉维拉（Jacques Raverat）[1]写了许多封长长的信，安慰这

① 雅克·拉维拉（1885—1925）：法国画家，与英国画家查尔斯·达尔文的孙女格温·达尔文结了婚，并育有两女。

个患有多发性硬化症而濒临死亡的人。她竭尽全力把T.S. 艾略特从银行职员单调沉闷的工作中解救出来，以便让他有时间写出不朽的诗篇。她和埃兹拉·庞德（Ezra Pound）[①]还有奥托琳·莫雷尔一起组建了一个艾略特基金，号召她的朋友们每年捐款十英镑以维持艾略特的生计，但布卢姆斯伯里人都很穷，他们怀疑庞德把他们捐的钱拿去喝酒了，所以基金从没有筹措超过一百英镑，而因拮据备感窘迫的艾略特，突然宣布必须保证他连续五年每年五百镑的生活费才会考虑离开银行。弗吉尼亚的壮举以失败告终。艾略特不喜欢接受施舍，弗吉尼亚同样也不喜欢向朋友伸手要钱，在日记里她坦露希望艾略特自身能有更多的勇气。他们关闭了基金，给了艾略特微不足道的五十英镑，但弗吉尼亚为他所作的努力不止于此。她试图劝说执掌精英周刊《国家》（*Nation*）的梅纳德·凯恩斯给艾略特提供一份文学编辑的工作，然而在好一番犹豫不决之后，凯恩斯拒绝了，这份工作出人意料地给了伦纳德。

---

① 埃兹拉·庞德（1885—1972）：美国著名诗人、翻译家、评论家，意象派诗歌代表人物，代表作为长诗《诗章》，作品多引入神话、历史等因素，与当代政治、经济现实等相揉合。

现在，伍尔夫夫妇的事业处于全面上升的阶段。伦纳德参选议员，不过落选了，这让他们都松了一口气。霍加斯出版社从默默无闻发展到欣欣向荣，业务一直没有中断过。拉尔夫·帕特里奇因为对出版社不够尽心尽力被伦纳德扫地出门，他们聘请了乔治（戴迪）·赖兰兹（George [Dadie] Rylands）[①]来代替他，但两位创始人肩头的工作仍然压得他们抬不起头来。在排版和印刷中度过无数个下午之后，他们会出门去书店，试图把印出来的书卖给对此漠不关心的商人，甚至偶尔也会想想开一家他们自己的书店或画廊。

他们最具颠覆性的新作是弗吉尼亚的《雅各布的房间》。这本书让整个文学界为之困惑。它对于文字的处理是如此新颖，评论家都不敢横加指责生怕错过了一部佳作。书中没有连贯的叙述，更像是一叠随意洗过的纸牌或是不以逻辑顺序安排的演讲幻灯片。弗吉尼亚解释它是一个"实验"，她打算用在她的下一本书上。不久，她开始创作《达洛维夫人》，发现小说进行得异常艰难之后，她转而开始把过去的一些散文按顺序收入《普通读者》

---

① 乔治（戴迪）·赖兰兹（1902—1999）：英国文学学者、戏剧导演，世界顶尖的莎士比亚学者之一。

（*Common Reader*）。

她对自己作品的投入并不会减少她对别人作品的兴趣。她自学俄语来帮助塞缪尔·柯特连斯基（Samuel Koteliansky）[①]翻译托尔斯泰的情书。她继续研究荷马。她读了丽贝卡·韦斯特（Rebecca West）[②]的小说，虽然二人从未谋面，但她认为韦斯特是“一位勇敢、聪明的女性”，“有些时候能写出一些还不错的文章”——对伍尔夫而言这算是很高的评价了。她悉心钻研的普鲁斯特（Proust）[③]的伟大作品，让她“处于一种惊叹的状态，就好像奇迹就在我眼前上演。你不得不把书放下深呼吸”。她认为安东尼·特罗洛普（Anthony Trollope）[④]的《阿灵顿的小屋》（*The Small House at Allington*）可能是最完美的英语小

---

① 塞缪尔·柯特连斯基（1880—1955）：出生于乌克兰，在俄罗斯接受教育并上完大学。1911 年他搬到伦敦，成为 D. H. 劳伦斯和伍尔夫夫妇的好友。在那里他爱上了凯瑟琳·曼斯菲尔德，但遭其拒绝，两人一直保持着亲密的朋友关系直至她早逝。

② 丽贝卡·韦斯特（1892—1983）：英国小说家、评论家，著有长篇小说《士兵归来》《法官》等，以研究南斯拉夫的《黑羔羊和灰猎鹰》及剖析叛徒的《叛逆的新意义》著名。

③ 普鲁斯特（1871—1922）：法国小说家，其创作强调生活的真实和人物的内心，以长篇小说《追忆似水年华》（七卷）闻名。

④ 安东尼·特罗洛普（1815—1882）：英国现实主义小说家，以虚构的巴赛特郡系列小说著称，包括《养老院院长》《巴赛特寺院》《索恩医生》等，其他重要作品还有政治小说《首相》《你能原谅她吗》等。

说。她甚至腾出时间来读《旧约》，但它不能和普鲁斯特的作品相媲美。“上帝没有被刻画得栩栩如生”，是她对《约伯记》的看法。

1923年4月，弗吉尼亚和伦纳德自1912年度蜜月之后又一次出国。他们穿过法国和西班牙来到马德里和格拉纳达（Granada），然后坐大巴、骑骡子到内华达山脉的一个偏僻乡村耶津（Yegen）——杰拉尔德·布雷南，这个拥有浪漫主义情怀的退伍士兵当时就把自己关在这个小村舍闭门研读文学巨作，并为其注疏。几年前，在友谊的号召下，拉尔夫·帕特里奇曾怂恿利顿一起去看望他，现在已是拉尔夫妻子的卡林顿与他们同行。没有人会比利顿·斯特雷奇更不适宜作长途旅行。他受了不少罪。油浸的西班牙食物让他胃部不适。他们一开始坐的是大巴，然后换了马车，最后则是骑着骡子沿着“Z”字形在山间小路上前行。还要涉水过河，湍急的河水都淹没了骡子的肚子。这样的旅途让他彻底崩溃。当他们最后抵达布雷南的村舍时，利顿发现仅有的厕所不过是一块搭在鸡屎上的有孔的木板，然后卡林顿和布雷南又坠入了爱河。这些都让他难以承受。作为警告，他把这些都告诉了弗吉尼亚，却没能阻止她前往。大家都觉得她太脆弱，根本吃不了这样的苦，但她却热爱此次旅行。遗憾的是，她关于这次远行的日记不见了，幸好我们还有布雷南在《格拉纳达以南》(*South from Granada*)中的记载："她是位沉静的女性，但此时却兴奋得像个女学生。"她在布雷南那里待了十天，返程时在巴黎待了三天。她没有跟朋友怎么说起她的成就。"旅行者的故事是多么的乏味啊！"她在给莫莉·麦卡锡写的信中如此说，就像是对我们所有人的通牒。"我把这次冒险旅程的一切遭遇——骡子、秃鹫还有狼——都删去了。你尽可以自由发挥想象了。"

第六章

在西班牙穆尔西亚（Murcia），弗吉尼亚写信给我的母亲维塔·萨克维尔–韦斯特。仅仅几个月前她们才第一次见面。她写信是拒绝维塔请她考虑加入“笔会俱乐部”（PEN Club）[①] 的提议，这是一个更多讨论作者而不是作品的国际文学组织。弗吉尼亚的信写得很客气，但实际上是在指责维塔。维塔误解了她的性格，她觉得既然布卢姆斯伯里是一个团体，那么弗吉尼亚肯定是合群的，也会喜欢和大多数她不认识的作者讨论写作中遇到的困难。很奇怪维塔会犯这样的错误，因为她对自己的写作同样保密。她犯的这个愚蠢的错误，似乎让这段友谊还未开始就结束了。

1922 年 12 月，弗吉尼亚与维塔因为与克莱夫·贝尔一起吃饭，彼此见了面。四天后，维塔邀请弗吉尼亚、克莱夫还有德斯蒙德·麦卡锡共进晚餐。在维塔看来，这次聚会非常成功。她给我父亲写信：“我仰慕弗吉尼亚·伍尔夫，换作是你也会如此。在她的魅力和人格面前，你会完全折服。而她完完全全不为所动。她的穿着

---

① 全世界的作家协会，1921 年成立于伦敦，目的是促进各地作家的友谊与合作。“PEN”即“诗人、散文家和小说家”的缩写，现在则包括任何文学形式的作家，如记者、历史学家。

打扮惊世骇俗。我从来没有这么喜欢过谁。”而在弗吉尼亚的日记里，提到维塔的时候就没那么多赞美了：“她不太符合我严肃的品味——衣着华丽，长着小胡髭，全身就像长尾鹦鹉一样颜色鲜艳，具有贵族式的自在悠闲气质，但没有艺术家的智慧。”尽管如此，她还是邀请了维塔去霍加斯出版社，她们的友谊在逐渐加深，虽说谈不上亲密。“和弗吉尼亚在里士满吃饭。她一如既往的秀色可餐”，“在她刚刚搬到塔维斯托克广场时，我们在那儿一起吃饭。然后我去看妈妈（萨克维尔夫人），但我的思想随弗吉尼亚游走了”。维塔的仰慕之情没有得到反馈，之后就发生了“笔会”事件，这件事几乎让她们断交。

她们没有像常人那样坦然携手，而是伸出指尖试探着对方。这样，如果任何一方后悔了，也能为彼此留下退缩的时间和空间。她们的友谊用了两年时间发展成亲密，又用了三年时间演变为彼此都承认的爱意。这段友谊如此不同寻常，传记作家们作出了各种不同诠释。我们的维塔，一会儿特别大胆，下一刻又特别害羞。她对比她年长十岁的弗吉尼亚又爱又怕。布卢姆斯伯里人对维塔而言太过聪明，而且特意对陌生人保持警惕。“听说过穆尔没有？”弗吉尼亚问维塔。“你是说乔治·穆尔（George Moore）[1]，那个小说家？”“不，不，不——是G. E. 穆尔（George Edward Moore）[2]，那个哲学家。”维塔从来没有听过这个名字。她们交往初期，维塔和我父亲哈罗德·尼科尔森（Harold Nicolson）[3]受邀去戈登广场与弗吉尼亚、伦纳德、瓦奈萨、邓肯·格兰特、克莱夫和利顿·斯特雷奇共进晚餐。显而易见，这是为了观察弗吉尼亚的这个新朋友而刻意安排的一次聚会。利顿对我父亲撰写的丁尼生传记嗤之以鼻（恰好就是在那一天出版的），而哈罗德因为利顿的轻视变得畏畏缩缩，一句话都不再说了。维塔也深有所感，保持沉默。两天后，弗吉尼亚在她的日记里写道：“这真是一个漫长而沉闷的夜晚……我们断定他们俩都蠢得无可救药。”

哈罗德并不蠢，但维塔感到不自在的时候就会反应迟钝。当她坐在写字台前，想法就会像潮水一般涌出来，但要是和一两个人待在一起，说话就会磕磕巴巴。她没

---

① 乔治·穆尔（1853—1933）：爱尔兰小说家，将自然主义小说笔法引入英国文学，主要作品有《埃斯特·沃特斯》，自传体小说《欢呼与告别》三部曲。

② G. E. 穆尔（1873—1958）：英国哲学家、伦理学家，实在论者，曾任剑桥大学哲学教授，主要著作有《伦理学原理》《反驳唯心主义》《哲学研究》。

③ 哈罗德·尼科尔森（1886—1968）：英国外交官、作家，长期在英国外交部供职，著有关于1930年至1964年英国社会和政治生活的《日记和书信》及政论、游记和神秘小说等。

维塔·萨克维尔—韦斯特，摄于 1927 年她与弗吉尼亚短暂交往期间。“我们的维塔，一会儿特别大胆，下一刻又特别害羞。她对比她年长十岁的弗吉尼亚又爱又怕。”勒奈尔（Lenare）拍摄。

有妙语连珠的天分：她无法把一个富有挑战性的问题变成她自己的优势，而这正是布卢姆斯伯里人所擅长的。而且，在他们眼中她是老派的。她的田园诗《土地》(*The Land*)被拿来和《荒原》作比较（两首诗的标题就指出了其中的差异），结果落败。她不会欣赏古典音乐，她觉得邓肯和瓦奈萨在塔维斯托克广场举办的沙龙真是“难以置信的无聊”。也难怪瓦奈萨认为维塔是“我们这个团体里不必要存在的一个人”，并且震惊于——如果不是嫉妒的话——弗吉尼亚对她与日俱增的亲密。“你的维塔走了吗？”有一次她写信给妹妹，“不要把你的全部精力都花在给她写信上。我觉得我应该是排在第一位的。”

那么是什么促使这段来之不易的关系发展为一段情感纠葛的？维塔拥有的哪些特质吸引了弗吉尼亚？首先，维塔有更丰富多彩的个人经历。她的家族传承以及萨克维尔的诺尔古堡，如同盛在古董碗里的干花，散发着悠远厚重的气息，唤起了弗吉尼亚的历史感。但她并非攀炎附势，因为她也没有什么要用到这些贵族的地方，除非他们像大卫·塞西尔（David Cecil）[1]那样也拥有她要在

---

① 大卫·塞西尔（1902—1986）：英国文学评论家、传记作家，代表作有库珀、奥斯丁、梅尔本、哈代等文学家的传记。

别人身上寻求的特质。正是诺尔古堡和萨克维尔家族这两个因素最先引起了弗吉尼亚的注意。但维塔对自己的家族传统却敬而远之。作为这个辉煌家族的唯一后代，她拒绝承担继承人的责任。从十四岁开始，她在父母都不鼓励的情况下以惊人的热情写出了很多剧本和长篇爱情小说，其中有一些是用她熟练掌握的法语和意大利语写的。她对母亲邀请来诺尔参加茶会的玩伴们非常冷漠，她把他们锁在工具房，为了堵住他们抗议的呼喊，把腻子塞到他们的鼻孔里。等到了可以进入社交界的年龄，她出落得非常美丽，皮肤黝黑，浑身散发着光泽，她所谓的“伦敦的每一个跳舞的小家伙”都在追求她。她本可以成为与诺尔古堡齐名的贝尔瓦（Belvior）或哈尔伍德（Harewood）豪宅的女主人，但她却选择下嫁给穷小子哈罗德·尼科尔森，外交部的第三秘书。

这还不算完。还在青少年时期，维塔就发现自己对同性的吸引力比对异性还要强。她曾经和一个傻傻的女孩罗萨蒙德·格罗夫纳（Rosamund Grosvenor）有过一段精神恋爱，后来为了维奥利特·特里富西斯（Violet Trefusis）[①]，爱

① 维奥利特·特里富西斯（1884—1972）：英国作家、社会学家，因与维塔·萨克维尔—韦斯特的同性恋关系而知名。

德华七世的情妇艾丽丝·凯珀尔（Alice Keppel）的女儿，维塔抛弃了她。就在她遇见弗吉尼亚一两年前，她和维奥利特私奔去了法国，被她们的丈夫从亚眠（Amiens）带回来，这戏剧化的一幕成为英国上层社会人尽皆知的丑闻，被写进了书里，搬上了银幕。

所有这些事弗吉尼亚都知道，并对此印象深刻。更吸引弗吉尼亚的是，维塔也是一名作家，在1922年时比弗吉尼亚还要出名。因为除了早期所写的小说，她还是一名诗人，一名评论家，她的评论水平很高，伦纳德认为她可以定期为《国家》撰写书评。她们能够在一起讨论文学的原因，并不在于两人水平相当——维塔认识到弗吉尼亚天赋过人，而弗吉尼亚也不否认——而是因为在古典文学上的相同背景。她们不停地通信，彼此从信件中获得热情。弗吉尼亚写给维塔的信远比给维奥利特·狄金森有意思，而维塔写给弗吉尼亚的信也远比她给另一个维奥利特的有意思。有时候弗吉尼亚对维塔的写作禁不住赞叹。弗吉尼亚曾鄙夷地把雅克·拉维拉称作“一支黄铜钢笔”，这个说法后来经常被弗吉尼亚引用来表达她的不满。当然这样的例子并不多见。她在《土地》中看到了自己所没有的天分，在（由她出版的）《厄瓜多尔的诱惑者》(*Seducers in Ecuador*)中看到了她从维塔的谈话中感觉不到的一种机敏，而对于《去往德黑兰的旅人》(*Passenger to Teheran*)，她写信给维塔，“是的——我觉得它写得太棒了。之前我都不知道你的描写如此细致入微”，她是真心夸奖她。用维多利亚·格伦迪宁（Victoria Glendinning）[①]对《厄瓜多尔的诱惑者》的评论说，维塔已经“比布卢姆斯伯里人更有他们的风格”。《厄瓜多尔的诱惑者》和《达洛维夫人》的书评登在了同一期的《纽约邮报》(*New York Evening Post*)上，排在头条的《厄瓜多尔的诱惑者》获得了高度评价，而对弗吉尼亚的书评则简短得多，被认为是“迷雾一般的文字”。

有人说维塔对弗吉尼亚而言就像是一位母亲，但我找不到这样说的依据。尽管一开始是互相试探，但她们的关系总在对等的水平上，可能维塔这一方表现出了保护性，但这并非出于母性，而弗吉尼亚也不是顺从于她。她们彼此挂念和挑逗。维塔似乎震惊于弗吉尼亚会“爱上她的肉体”（弗吉尼亚的话）。1925年12月，她们在朗巴恩——维塔靠近诺尔的房子里——第一次睡在一起，

---

① 维多利亚·格伦迪宁（1937— ）：英国传记作家、评论家、广播员和小说家，英国笔会的荣誉副总裁和皇家文学学会副总裁。

这似乎是弗吉尼亚和经验更丰富的维塔的共同提议。对此，米切尔·利斯卡的评价一语中的：“维塔永远在扇着热情的火星，却始终对燃烧的烈焰退避三舍。”她自然是深感荣幸，却害怕唤起弗吉尼亚的热情会引发新一轮的疯狂发作。“看在老天爷的份儿上可千万要小心，”她向哈罗德坦白时对方警告道，“这不仅仅是玩火；这是在玩炸药。”其实他不需要担心。她们俩的关系，时好时坏地持续了三年，但并没有毁了谁。

更令人疑惑的是弗吉尼亚的态度。她不是一个沉湎于肉欲的女人。她对维奥利特·迪金森和玛奇·沃恩的爱恋更多是精神而不是身体上的，但她的心告诉自己女性比男性更能吸引她。到1924年末，她和维塔的友谊正在升温，她在日记里写道：“如果一个人可以和女性做朋友，那是多么愉快的事啊——与跟男性的关系相比，这样的交往是多么隐匿和私密！”然而时隔一年当她和维塔的交往开始时，她问自己谁对她的幸福不可或缺，她点了六个人的名字——伦纳德、瓦奈萨、邓肯、克莱夫、利顿和福斯特——其中只有一位女性，压根就没提到维塔。对于在三十四岁时发生的她人生中绝无仅有的这一桩风流韵事，弗吉尼亚丝毫没有表露出害怕和羞耻的情绪。她对自己在这件事情上的反应感到好奇，她和瓦奈萨一同购物时向姐姐坦白了这件事，后者反问她一个女人怎么能和另一个女人做爱。弗吉尼亚当时如何作答的，我们无从得知。甚至在她的日记里，也只是含糊地描述了所发生的事。“这些女同性恋，”她写道，就好像她自己不是似的，“爱的是女人。友谊染上了情欲的色彩。”她觉得男性之间的同性恋关系让人恶心。“你对爱上你的同性有什么看法？”她问拉维拉。“所有的年轻男子都有强烈的同性恋倾向，尽管没有什么特别的理由，我还是禁不住觉得他们有些愚蠢。他们往往都长得很漂亮，有些娘娘腔，还喜欢涂脂抹粉……至于女士们，要么是出于自我保护，要么是模仿男士们，或出于真心，也就和她们的同性在一起了。”随后还附上了一段关于维塔和维奥利特私奔的虚构描写，并未得到任何当事方的确认。

这些遮遮掩掩是否说明弗吉尼亚认为自己做错了？抑或是试图平息关于她和维塔的丑闻？毫无疑问，她很焦虑，不想让伦纳德为此伤心。当他听说这件事的时候，她一笑置之并告诉他不用担心。他们的婚姻并没有因此受到威胁。如果哈罗德不介意（实际他觉得这对维塔很好），那么伦纳德也不应该介意。但是尽管这两桩婚姻有很多相似之处，却不尽相同。伦纳德不是哈罗德那样的同性恋，而且他每天都和弗吉尼亚待在一起，而哈罗德在这段不正当关系的一开始和高潮阶段都在德黑兰的英国公使馆。维塔几乎每天都给他写信评论此事："对弗吉尼亚的爱是很难拿捏分寸的一件事。这种爱是思想上的，或者你也可以称之为精神的爱恋。她身上的那种刚柔并济的气质激起了我的无尽柔肠……她也爱我，这让我受宠若惊，身心愉悦。"然后她补充说："我害怕得要死，因为她的疯病，生怕撩拨起她身体内的性渴求。"估计伦纳德也提醒了弗吉尼亚，但他看上去似乎更多的是厌烦而不是担心。也不奇怪维塔把伦纳德看作"一个风趣、严厉、孤独的生物"，弗吉尼亚与之对比就是诙谐、智慧的天使。

就是在这一段时间，我开始认识她。1924 年我七岁，我哥哥本（Ben）九岁。弗吉尼亚经常来朗巴恩住一两个晚上，而且我们热情地盼望她的来访，对她来此的原因却一无所知。（有个女人应该更了解内情，有一次她对我说，"你知道弗吉尼亚爱你母亲"，对此我天真地回答，"是啊，她当然爱啦：我们都爱我妈妈。"）弗吉尼亚不是特别喜欢孩子——除了瓦奈萨的。这同样表现在她的作品中，《到灯塔去》中的詹姆斯是她所有小说里唯一稍有分量的儿童角色。但她对我们感兴趣，因为孩子和怪物一样非同寻常。她看上去是在逗我们开心，其实是在为自己找乐子："跟我说说，你们今天早上做什么了？""好吧，我们没做什么。""不，不，这答案不算。是什么把你们叫醒的？""太阳，从我们的卧室窗户晒进来。""那是个高兴的太阳还是生气的太阳？"我们回答了，接下来她就问穿衣服的问题："你们先穿哪一只袜子，右脚还是左脚？"然后是关于早饭以及其他情况，就这么问下去，一直问到我们出现在她面前的那一刻。这是一堂观察课，但也是一个暗示："除非你能从想象的翅膀上把那些奇思妙想抓住并把它们写下来，否则你很快就会才思枯竭。"这个忠告我将终生铭记。

我们从没觉得她是名人：实际上，我们刚认识她的时候她也还没有出名。她就像我们最喜欢的姨妈，用出其不意的问题点亮我们简单的生活："法语女老师长什么样？她穿什么样的鞋？她走进教室的时候你们能闻到她身上的香味吗？"在我们看来，她是个喜欢窝在家里的人，捕蝴蝶时除外。她的性格并不那么热情似火，更多是沉静安宁。就着火堆烤手的时候她最高兴，然后用她深沉、有些单调的嗓音不停地说呀说，开着玩笑，向别人挑衅。她不时地把滑到额前的头发向后捋，就好像要理一理思路似的。我们主要是在朗巴恩碰面，但经常也会去诺尔，她体态婀娜地倚靠在门口，手指搭在下巴上，若有所思，心情愉快。我不记得是否觉得她长得好看，但孩子们通常会喜欢的是可爱而不是好看。维塔说她的穿着让人“大跌眼镜”，这个说法有些夸张，但她的确不关心自己的外表，痛恨化妆，也讨厌商店营业员帮她试衣服，她会买宽大的、没有腰身的衣服，衣袂飘飘就像收起的羽翼。

偶尔，维塔如果去僧舍又不打算在那里过夜，就会带上我们中的一个同行。有一件事情清晰地留在了我的记忆里。除了弗吉尼亚和伦纳德之外，那天在那儿的人只有凯恩斯和他的妻子，芭蕾舞演员莉迪亚·洛波科娃（Lydia Lopokova）[①]。我们坐在（两个）起居室中稍大的那间，然后讨论（我忘了具体是关于什么的）逐渐热烈起来。弗吉尼亚站在壁炉边，正激动地争辩着什么，这时伦纳德从椅子上慢慢站起身，温柔地碰了碰她的肩膀。

---

① 莉迪亚·洛波科娃（1892—1981）：20世纪初著名的俄罗斯芭蕾舞女演员，经济学家梅纳德·凯恩斯的妻子。

1928年，作者（左）、本·尼科尔森和弗吉尼亚在诺尔。当时她正在写《奥兰多》。“她体态婀娜地倚靠在门口，手指搭在下巴上，若有所思，心情愉快。”

弗吉尼亚没有质疑也没有反抗，就跟着他从房间走出去。他们离开了大约一刻钟时间，回来的时候，没人就此做任何表示，因为除了我其他每一个人都确切地知道刚才发生了什么。处于亢奋状态中的弗吉尼亚随时有神志不清的危险，而伦纳德一直密切地观察着她，把她带到一旁让她平静下来。每当我看到某些女权主义者片面地描述他们的关系，说伦纳德冷落了她，甚至把她逼上了自杀的道路时，就会想起这件事。他触碰她肩膀的手势有种神圣般的温柔，而她对他的顺从也显示出了无比的信任。

第七章

1924年3月，他们离开里士满搬到布卢姆斯伯里的塔维斯托克广场52号，把霍加斯出版社也跟着一起搬走了。这次搬家是因为伦纳德想住得离上班的地方近一些，而弗吉尼亚想更多地和朋友们在一起。霍加斯宅的位置太偏僻了，但新房子又没有了里士满的那种宁静。这幢房子就像一个三明治，伍尔夫夫妇占了最上面的两层，出版社在地下室，它们中间是一间律师事务所。弗吉尼亚选择在出版社隔壁的里间写作，坐在一张已经掉漆的扶手椅上，膝盖上搭一块板子。因为这房间也是储藏室，她经常被助理打断。出版社的助理流动得很频繁，因为伦纳德这个雇主很严厉而且薪水还少得可怜，连他们俩都喜欢的戴迪·赖兰兹也没干几个月就逃回了剑桥。

就是在这样的条件下，弗吉尼亚写完了《达洛维夫人》。这本书耗费了她太多的精力和心血，特别是在描写塞普蒂莫斯·史密斯的疯狂举动和自杀的时候。小说在1925年4月（《普通读者》发表几个星期之后）出版。这两本书不可避免地被拿来比较，评论家因为小说刻意的含糊风格困惑不已，而散文却因为清晰的表达以及蕴含的智慧被赞为"经验的微光"。维塔不想冒犯弗吉尼亚也不想被人觉得笨，她对《达洛维夫人》的评价停留在"小人物的意愿"，而称《普通读者》是"一本指南、一位哲学家和朋友"。弗吉尼亚认为没有人理解她的意图，"但那是我们为破坏传统而支付的罚金"。利顿·斯特雷奇觉得小说有缺陷，而克莱夫·贝尔则宣称该书是一部伟大的杰作。然而，总是不愿面对批评的弗吉尼亚更倾向于相信前者的论断。福斯特和雅克·拉维拉对小说的看法与克莱夫相同。雅克躺在临终病床上读完了小说的校样，并让妻子代笔写了一封信，读这封信是弗吉尼亚"人生中最快乐的日子之一"。对于许多读者而言，《达洛维夫人》太过艰涩难懂。阿诺德·本涅特在一篇评论中承认："这本小说打击了我；我没法看完它。"弗吉尼亚在她著名的散文《本涅特先生和布朗太太》（"Mr. Bennett and Mrs. Brown"）中对此进行了回应，其内容主要整理自在剑桥文学社团的演讲，她解释说她希望改变小说写作的方向。在这之前，她已经在日记里写道："平滑叙述的写作方法是不正确的。一个人的意识里事情不是像那样发生的。我们总是在经历影像和想法的重叠，而现代小说应该表达出我们的思想混乱而不是把它们重新安排整齐。读者必须把这思路整理出来。"文化程度不高的读者可能无法理解她的观点。在回复维奥利特·迪金森绝望的信中，弗吉尼亚建议她放下这本书别再读了，这就是她们交往的结束。

她小心翼翼地结交着新朋友：雷蒙德·莫蒂默（Raymond Mortimer）[①]、休·沃尔波尔、维塔的第一个侄子爱德华·萨克维尔-韦斯特（Edward Sackville-West）[②]。在年轻男性身上她找不到可以钦慕的地方，她觉得他们乏味无趣。年轻女性像珍妮特·沃恩（Janet Vaughan）[③]、罗兹·麦考利（Rose Macaulay）[④]、弗朗西丝·马歇尔（Frances Marshall）[⑤]、卡林顿和丽贝卡·韦斯特，则表现得更坚定，更骄傲，而且不会急着讨好别人。她和伦纳德越来越不愿意出门度周末。他们觉得被别人的生活习惯与招待束缚，并且要被迫诚恳地与那些人的邻居相处，并不使人愉快。有一个冬天，在拜访了康沃尔的阿诺德-福斯特一家之后，和很多周末访客一样，她认为有必要装出她

① 雷蒙德·莫蒂默（1895—1980）：英国作家、评论家和文学编辑。

② 爱德华·萨克维尔-韦斯特（1901—1965）：英国乐评家、小说家，晚年时做过英国上议院议员。

③ 珍妮特·沃恩（1899—1993）：英国生理学家，弗吉尼亚表哥威廉·沃恩的女儿。

④ 罗兹·麦考利（1881—1958）：英国女作家，著有小说《我的荒芜世界》《特拉布宗的塔群》，游记《他们去葡萄牙》及文学评论、诗集等。

⑤ 弗朗西丝·马歇尔（1900—2004）：作家，布卢姆斯伯里成员，1933年与拉尔夫·帕特里奇结婚。

并没有感觉到的快乐。她给女主人凯写信道，“我真想不到你如何能在咆哮的暴风雪中把家收拾得如此舒适和温暖”，但是对瓦奈萨却又是另一番说辞，“我们提前一天从泽诺（Zennor）逃回来了，真受不了那刺骨的冷”。

僧舍其实也好不了多少，但他们前七年都没有享受到的基本设施已逐步安装到位。“达洛维夫人的盥洗室”和热水管，及时抚慰了又一次因为反复头痛而卧床好几个月的弗吉尼亚。她的病情随着搬到伦敦而好转，却在渴望于《到灯塔去》上取得进展时又复发了。当她身体情况好转可以写作了，灵感轻轻松松就来了。在罗德麦尔时，她在日记中吐露：“现在我写得很快又随心所欲，就像已经写了一辈子一样。”但到了塔维斯托克，情况又不一样了，她告诉维塔：“在伦敦中心几乎不可能写小说。我感觉我就像是在怒吼的狂风中往桅杆顶上钉一面旗子。”

而此时，维塔在波斯[①]。为了和在德黑兰的丈夫哈罗德团聚一两个月，她在1926年和1927年时去了那里两次，这期间她和弗吉尼亚的通信，为双方的关系赢得了

① 伊朗的旧称。

一种新的高度。这些信不是直白的情书，出于谨慎的考虑写得很隐晦。弗吉尼亚对维塔写道："没有你的信。为什么没有呢？只有来自多佛的只言片语，还有的里雅斯特（Trieste）那狂乱忧郁的可爱呻吟。也没有照片。再见，我最亲爱的毛茸茸的小东西。"维塔对弗吉尼亚写道："真是难以置信你对我已经如此的不可或缺，该死的你，被宠坏的小东西。我不应该再让你爱我，把我自己这样毫无保留地呈现在你面前。但你已经攻破了我的防线。"这份感情发展得非常好。维塔两次去东方，都有她的另一个情人多萝西·韦尔兹利（Dorothy Wellesley）①陪同，而她写给在德黑兰的哈罗德的信和写给在伦敦的弗吉尼亚的信同样炽热。她觉得这不是欺骗。她只不过是在他们之间分享她的情感。当她抵达德黑兰的时候，已经把多萝西甩在了印度，给后者的信里也压根不提她的丈夫。她和弗吉尼亚就共同的"灾难"交换了意见，她讨厌的是精明世故的外交舞会，弗吉尼亚讨厌的则是伦敦的那些相似的活动："那些该死的人自以为是地坐在他们的茶壶、壁炉、茶桌周围……我真想永远永远把他们撇下，

① 多萝西·韦尔兹利（1889—1956）：威灵顿公爵夫人，英国社会名流，作家、诗人和文学编辑。

远离这些茶会，这些奥托琳，这些说话含糊不清的变态老处女们。”

弗吉尼亚经常会产生类似的情绪。有一次伦纳德说服她到伯克郡（Birkshire）的库克姆（Cookham），和哥哥赫伯特（Herbert）还有他的妻子待一天。赫伯特是个股票经纪人，缺乏一切知识分子所该有的兴趣，而弗吉尼亚没有如她惯常的那样嘲笑他们，反而在想如果从未听说过罗杰、克莱夫、邓肯或利顿这些人是多么的令人欣慰。“哦，这就是生活，我不停地对自己说；什么是布卢姆斯伯里，什么是朗巴恩，不过是一个扭曲的事物，一个暂时的结。”她写信给维塔：“人类的命运是如此的平和与幸福，而为什么我还要怜悯和嘲笑他们？他们没有什么奢望。他们简简单单而又合情合理。”

我们不能肯定在那次聚会中赫伯特是否谈论了股票市场，伦纳德是否提起了霍加斯出版社的经营问题，因为根据约定俗成，谈生意上的事是禁忌。然而出版社给他们带来了很多困扰。他们还在印刷、装订如劳拉·瑞丁（Laura Riding）[①]的《伏尔泰》（*Voltaire*）和罗伯特·特

---

① 劳拉·瑞丁（1901—1991）：美国诗人、评论家、小说家、散文集和短篇故事作家。

里威廉（Robert Trevelyan）[1]的《诗集》（*Poems*）的这样的小书，至于篇幅长一点的书，像弗吉尼亚自己的小说和维塔的《去往德黑兰的旅人》，就交给商业印刷厂。即便如此，他们的时间仍然被一些机械工作、打包、与书商和推销员会谈等侵蚀，这时间伦纳德宁愿用在新闻写作、看书和政治活动上，而弗吉尼亚更愿意用来写小说。这样不间断的单调沉闷的工作值得吗？1927年他们的净利润只有二十七英镑。但他们坚持下来了。他们曾考虑买下大卫·加内特的书店并且出版弗洛伊德全集的英译版。后来，他们放弃了加内特的书店，但坚持出版了弗洛伊德的书，虽然我们并不知道弗吉尼亚是不是看过书里的一个字。

1926年5月的大罢工，对他们的工作和生活影响不大，更多的是激动人心。霍加斯出版社只受到了一点点影响，因为他们唯一的员工安格斯·戴维森（Angus Davidson）和一位秘书没有罢工，由外面的公司进行的印刷也只是在大罢工进行的那九天中断了。主要的公共服务设施由志愿者来维持运行。公交车、地铁和出

---

① 罗伯特·特里威廉（1872—1951）：英国诗人、翻译家。

1926 年，伦纳德和弗吉尼亚在僧舍，平卡（阿弗）（Pinka [Flush]）坐在他们前方的地上。照片由维塔拍摄。

租车都停运了，但伦敦还有自行车，通讯则都通过电话和无线电。这场罢工迫使弗吉尼亚选择政治立场。在此之前，她对此一直不感兴趣。此时此刻，在伦纳德的支持下，她站在了罢工者这一边，虽说可能没有他那么果决。“如果有一场罢工是有正当理由的，那就是1926年的这一次。”伦纳德在回忆录中写道，他还组织知识界的领军人物联名签署请愿书支持罢工，只有高尔斯华绥（Galsworthy）①拒绝签字。罢工突然停息了，对发起罢工的矿工们很不利。“每个人都喜气洋洋的，”弗吉尼亚告诉瓦奈萨，“我们准备来一次罢工晚宴，和克莱夫、弗赖喝点香槟。”她用对当局（包括首相斯坦利·鲍德温［Stanley Baldwin］①，她觉得他在电台做的停止罢工的呼吁滑稽可笑）的厌恶之辞来表达对罢工者的支持。她没有解释她的理由，即使在《一间自己的房间》（*A Room of One's Own*）中也没有，这本书中引用了鲍德温的广播发言。她在政治判断上的摇摇摆摆与伦纳德的坚定形成了

① 约翰·高尔斯华绥（1867—1933）：英国小说家、剧作家，获1932年诺贝尔文学奖，代表作为《福尔赛世家》。

① 斯坦利·鲍德温（1867—1947）：英国保守党政治家，1923年至1937年期间三次出任首相，任期内压制1926年英国工人大罢工，纵容法西斯侵略政策。

对照。

就在这纷纷扰扰之中，她写出了《到灯塔去》中神奇的一章——“岁月流逝”。从维塔的第一次波斯之旅结束后，她们的恋爱关系因两人的互访（罗德麦尔和朗巴恩）时断时续地发展着。弗吉尼亚是内心热烈，而维塔则（在书信中）言辞大胆奔放。即便如此，弗吉尼亚仍在日记中写道：“这是一段精神至上、可以信赖的感情。我想得很天真（在精神上），我觉得这段感情让伦纳德感到相当烦恼，但还不足以让他担忧。”1927年，维塔第二次去波斯旅行时的回信中没有“我认为”这样的字眼：“收到你的来信的时候我总是心力交瘁。上帝啊，我真的爱你。你说我没有任何亲密的表示，真是伤我的心，我都觉得好笑。我在波斯的黎明中醒来，然后对自己说，‘弗吉尼亚，弗吉尼亚’。”

在德黑兰待了两个月之后（“上帝，那儿的人啊！”她指的不是波斯当地人而是那些外交官和他们的妻子），维塔和哈罗德还有两个朋友从巴赫蒂亚里山脉出发，开始了到波斯海峡的艰难跋涉，之后她据此写下了第二本有关波斯之旅的书《十二天》（*Twelve Days*）。彼时，弗吉尼亚和伦纳德在意大利，他们特别喜欢那个地方（“我们发现水边环绕着野生的仙客来和鹅卵石”)，甚至考虑在罗马的平原买一栋别墅。维塔和弗吉尼亚在5月团聚了，两人因为作品和旅行欣喜不已，因为成功而受到很大的鼓励。《土地》获得了霍桑登奖(Hawthornden Prize)[①],《到灯塔去》获得了费米娜奖(Femina Prize)[②]，这是英国最负盛名的两个文学奖项。对弗吉尼亚作品的评论虽然都是溢美之词却也很谨慎，就好像评论家们自己在经受一场考验。作家阿诺德·本涅特虽然承认这部作品在《达洛维夫人》的基础上取得了进步，但仍被她片段化的写作风格弄得很困惑，阿道司·赫胥黎(Aldous Huxley)[③]则评论她已经与现实世界失去了联系。埃德

① 英国著名文学奖项中历史最悠久的一项，由爱丽丝·沃伦德于1919年创立。该奖项特别用来鼓励年轻作家，每年颁发给一位写出最佳“想象文学”的英国作家，霍桑登委员会决定获奖人，但也有获奖人空缺的年份。

② 作者所述有误，其实是法国的著名文学奖项。由阿歇特出版社下属的《幸福生活》杂志社设立于1904年，该奖颁发给当年度最优秀散文或诗歌的作者。最初命名为幸福生活奖，费米娜奖评审委员会全由女性组成，但在20世纪20年代改以皮埃尔·拉菲特创立的杂志《费米娜》的名字命名。

③ 阿道司·赫胥黎(1894—1963)：英国作家，著有诗歌、小说、剧本、文学评论等，代表作为寓言体讽刺小说《美丽新世界》《针锋相对》等，移居美国后的作品带有神秘主义色彩。

温·缪尔（Edwin Muir）[1]认为“岁月流逝”一章，“就写作的想象力和美感而言，在当代文学中，很可能无法被超越”。但弗吉尼亚等得最心焦的还是瓦奈萨的评价。这本书是她们儿时在康沃尔度假的回忆。拉姆齐先生就是莱斯利·斯蒂芬的化身，拉姆齐太太则是她们的母亲，而“詹姆斯”是她们的弟弟艾德里安。灯塔并不像她虚构的那样位于赫布里底群岛，而是在圣埃夫斯湾对岸的戈德里维。其实她大可不必担忧。瓦奈萨给她写了一封充满感激的长信。“你所刻画的母亲比我所能想到的任何贴切的形象更加接近她。看到在她去世后，你把她的形象还原得如此栩栩如生，我又陷入了失去她的痛苦。”小说在英国和美国都卖得很好。伍尔夫夫妇用挣来的钱买了他们的第一辆车——一辆二手的辛格车，弗吉尼亚一直没学会如何去开。

维塔从巴赫蒂亚里回来后又出了两次远门。她去牛津听弗吉尼亚为本科生作的关于诗歌和小说的讲座，然后在1927年6月28日和29日，和弗吉尼亚、哈罗德、

---

① 埃德温·缪尔（1887—1959）：苏格兰诗人、文学评论家和翻译家。他高度个人化、哲理化的诗歌以一种直接而朴素的风格呈现。《1921—1956诗选》和《一脚刚刚跨出伊甸乐园》使他成为世界知名的诗人。

伦纳德、昆汀还有爱德华·萨克维尔－韦斯特坐晚间火车去约克郡，在一个阴天的早晨观看了日全食。我保留着那时候的照片。一群人看起来情绪不高，一副没吃早饭、无精打采的样子。弗吉尼亚在她的日记中写道："日全食就那么结束了，一直要等到 1999 年才会再现。"令人吃惊的是她竟然向后推算了那么多年，提到了英国观测者看到下一次月亮吞蚀太阳的准确年份（事实上，准确日期就是在我写下这些文字的这一天，1999 年 8 月 11 日）。她在《海浪》的结尾几页里回忆了整个事件。

第八章

接着就是《奥兰多》的诞生。《达洛维夫人》让弗吉尼亚小有名气，《到灯塔去》使她广为人知，《奥兰多》则让她家喻户晓。

刚完成计划作为英国文学的一段简史来撰写的《小说的阶段》(*Phases of Fiction*)，她就焦急地开始创作《海浪》，但当一个想法闪进她脑海时，她把这两本书都放到了一边。她写信给维塔：

> 昨天早上我陷入绝望……我一个字都挤不出来；最后我垂下头，埋在我的手心里，我的钢笔尖浸在墨水里，好像就是自动的一样，在一张白纸上写下了这些文字：奥兰多——一部传记。一写完这些字，我的身体里就充满了狂喜，我的脑中涌入无数的想法。我飞快地写，一直写到十二点……但是听好了：假设奥兰多最后被证明是维塔，而这本书写的全都是关于你以及你肉体的欲望和精神的诱惑（你根本就没有心，是谁和坎贝尔一起在小巷中闲逛）……你会介意吗？

维塔一点都不介意。她深深地陶醉了。但在弗吉尼亚去世很多年后，在一次广播节目中引用这封信的时候，她略过了“你肉体的欲望”这些字眼和坎贝尔这个人不提，因为尽管这本书一方面是感激维塔给予她的全部幸福快乐的颂歌，另一方面却也是指责维塔为了新欢玛丽·坎贝尔（Mary Campbell）而抛弃她。坎贝尔可能更年轻、在肉体上更有吸引力，但弗吉尼亚的思想要丰富得多。她可以写一本关于维塔的书来重新掳获她，这本书如此具有独创性，如此含情脉脉，维塔无法拒绝它的魅力。

玛丽是南非诗人罗伊·坎贝尔（Roy Campbell）[①]的妻子。他们搬来维塔居住的村子，维塔结识他们后，就邀请他们搬进村舍（我们的村舍，那时我们在上寄宿学校）。他们不用交房租，玛丽很轻松就能从花园小径溜到维塔住的主宅。维塔深深地爱上了玛丽。有一天晚上，玛丽不在，维塔写了十二首十四行诗给她，其中有一些后来由霍加斯出版社出版了。罗伊发现了这桩风流韵事，他狂

① 罗伊·坎贝尔（1901—1957）：非洲裔英国诗人、讽刺作家。他被 T. S. 艾略特、狄伦·托马斯和伊迪丝·西特韦尔认为是第一次和第二次世界大战期间的优秀诗人之一。

怒不已，拿着菜刀挥舞恐吓，后来又威胁要自杀。维塔匆忙跑去弗吉尼亚那儿向她哭诉心事。《奥兰多》就是此事的一个后果。

还有一些与此相关的事。哈罗德·尼科尔森刚刚出版了《某些人》（*Some People*），这是他在德黑兰度过那些寂寞的夜晚时写下的一本故事集，由此发展出一种半真实半虚构的新小说形式，把哈罗德自己这样真实的人物放入想象的情境，而把想象的人物放入真实的情境。弗吉尼亚对哈罗德的书印象深刻：他没有她原以为的那么蠢。她在《纽约先驱论坛报》（*New York Herald Tribune*）以“全新的传记”为题评论了这本书，哈罗德书中那种虚实结合的写作风格也悄悄潜入了《奥兰多》，被编织成繁复的阿拉伯图案。她打算在情节发展到一半时将奥兰多从男人变成女人，以暗示人的本质特别是维塔是双性同体的，正如她在书中阐述的：“女性可以像男性一样宽容和口无遮拦，而男性可以像女性一样奇怪和微妙”。奥兰多在转换性别时并没有改变性格，她始终和维塔惊人地相似——精明能干、大胆无畏、为人冷淡，经常舌头打结说不出话来。弗吉尼亚也决定将维塔与诺尔古堡始终结合在一起，以弥补她失去它的痛苦。1928 年 1 月，弗吉尼亚正在写这本书的时候，维塔的父亲萨克维尔勋爵（Lord Sackville）去世了，而诺尔古堡变成了他的纪念堂，维塔受到了双重损失。因为是女孩儿，即便是萨克维尔勋爵唯一的孩子，她也不能继承这幢她像爱父亲一样深深爱着的房子。它和萨克维尔家的头衔一起传给了她的叔叔查尔斯（Charles）。《奥兰多》成为维塔的慰藉。这本书最终成形后的分量，远远超出了弗吉尼亚当初玩笑式的设想。

这个复杂故事还有一个独特之处：弗吉尼亚用这本小说作为媒介来探索英国历史和文学。所以故事跨越了好几个世纪，从女王伊丽莎白一世统治时期的维塔（作为一个男孩儿）开始，一直到 1928 年本书出版时的维塔（作为一个女孩儿）结束。她在三百五十年的时间里成长了二十岁。弗吉尼亚没有打算让大家严肃推敲书中的历史和地理设置。圣保罗大教堂在伦敦大火[①]烧掉它的尖顶前就已经是圆顶了；书中没有提到任何像是内战[②]或美国独

① 伦敦大火，发生于 1666 年 9 月 2 日至 5 日，是英国伦敦历史上最严重的一次火灾，烧掉了许多重要建筑物，包括圣保罗大教堂。

② 这里指的是 1642 年至 1651 年在英国议会派与保皇派之间发生的一系列武装冲突及政治斗争；英国辉格党称之为清教徒革命。此事件对英国和整个欧洲都产生了巨大的影响，并由此将革命开始的 1640 年作为世界近代史的开端。

立这样重大的历史事件；从诺尔古堡的花园里就能看到威尔士的山脉。但她丝毫没有掩饰她的中心人物的身份。这本书就是献给维塔的，而且书中全是对她们个人生活的影射。奥兰多驾驶一辆四匹马拉的马车，就像维塔驾驶福特汽车一样大胆；维奥利特·特里富西斯在书中被重塑为俄国公主，而他们在1608年泰晤士河上的冰上狂欢节相遇（1993年，莎莉·波特[Sally Potter]在根据该书改编的电影中极其精彩地构画了这一幕）；被维塔拒绝的恋人拉塞尔斯勋爵（Lord Lascelles）[①]，莫名其妙地变成了大公夫人哈丽特（Archduchess Harriet），而她发现莎士比亚坐在诺尔古堡的佣人厅里，喝着大杯啤酒，手里还拿着一支笔。

这是一部狂想曲。这是维塔奇境漫游记。这是一幅印象主义的画作——你必须站得离它远一些才能参透其中的含义。但它深深扎根于诺尔古堡——如今原稿就在那里公开展示。弗吉尼亚写这本书的时候，我和哥哥不止一次陪着她走过长长的画廊，而她会指着某一幅画问我们：“那是谁？她是个什么样的人？”因为我们根本不

① 拉尔塞斯勋爵（1882—1947）：全名亨利·乔治·查尔斯拉尔塞斯，第六代哈伍德伯爵。1922年在威斯敏斯特教堂和英王乔治五世的女儿玛丽公主结婚。

知道她会基于这一点就创造出一个名字和一个角色，所以我们后来也只能从她的意图中猜出某些东西。没有人，甚至连维塔都不曾在这本书付印之前看过一个字。在这本书出版前不久，弗吉尼亚和维塔曾在勃艮第共度了一个星期，但就在那时弗吉尼亚对此也几乎只字未提。然后在 1928 年 10 月 11 日（这也是那本书结尾的最后几个字），维塔收到了她的特别装帧版本。她又惊又喜，几乎要语无伦次了。《奥兰多》纪念了她们的情爱纠葛——并且平息了这份感情。

第九章

《奥兰多》还在各个文学期刊上评论正酣的时候，弗吉尼亚和维塔一同去了剑桥。在格顿学院（Girton College）[①]弗吉尼亚作了第二个讲座，讲座内容后来被她改编为《一间自己的房间》。这本书明显带有女性主义的色彩，它曾一度成为女权运动的圣经，尤其是在美国。文章以压倒性的力度，优雅而幽默地陈述了事实。因为内容来源于讲座，所以行文风格就像是在谈话，这更像是弗吉尼亚的信而不是日记。正如昆汀·贝尔所评论的："在《一间自己的房间》里可以听见她说话。在她的小说中她在思考。"然而奇怪的是，他觉得她的语调过于和缓，有很强的调解矛盾的趋势，但我却觉得其言辞之激烈已经超出理性的范围。她斥责男性喜好战争和赚钱。她对女性尤其是女作家所承受的不利条件进行了深刻的剖析：她们一点机会都没有。如果莎士比亚有一个同样才华横溢的妹妹，她创作的作品一个字都不会流传于世——这还是在父母或丈夫允许她写作的前提下。甚至简·奥斯丁也要把她的手稿藏起来，以躲过窥探的眼睛。

① 剑桥大学的一个学院。格顿学院由艾米丽·戴维斯和芭芭拉·博迪肯创立于 1869 年，是英格兰第一所寄宿制女子学院，1977 年学院开始招收男性院士，1979 年学院开始招收男性本科生，现在男性本科生约占学院人数的一半。

"写作《傲慢与偏见》有些遮遮掩掩。"弗吉尼亚说，忽视了是简的父亲敦促她出版作品的事实。如果奥斯丁要在有人走进房间的时候把草稿遮盖起来（弗吉尼亚也会这样），那只是因为在出版之前手稿都是最重要的秘密。一名女性在能够写出一些只言片语前，真的有必要有一间自己的房间吗？弗吉尼亚选择在塔维斯托克广场繁忙的储藏室里写作，房子的上面几层还有几间安静的房间。她声称19世纪的天才女性都被那些成就不及她们，尴尬地坐在奥斯丁、勃朗特三姐妹、盖斯凯尔夫人（Gaskell）[1]和乔治·艾略特旁边的男性所扼杀了，甚至在莎士比亚时代，她们都没有被贬低为无关紧要的角色，如果我们拿鲍西娅（Portia）[2]、奥莉维亚（Olivia）[3]、苔丝狄蒙娜（Desdemona）[4]作为当时勇敢女性的代表。

《一间自己的房间》一部分是激烈的论辩，一部分是奇妙的幻想。《奥兰多》中的情绪还在她身上。她玩得很

---

① 盖斯凯尔夫人（1810—1865）：英国小说家。长篇小说《玛丽·巴顿》真实反映了工人阶级的生活和斗争，在19世纪英国小说的发展中占有十分重要的地位。马克思曾称赞狄更斯、萨克雷和盖斯凯尔夫人是"一批杰出的小说家"。

② 莎士比亚《威尼斯商人》一剧的女主人公，扮作律师巧断"一磅肉"之公案。

③ 莎士比亚《第十二夜》一剧中的伯爵小姐，她爱上了女扮男装被奥西诺公爵指派来传达爱意的薇奥拉却被拒绝。最终和薇奥拉的孪生哥哥西巴斯辛结婚。

④ 莎士比亚悲剧《奥赛罗》的主角奥赛罗的妻子，受伊阿古诬陷被其夫扼死。

开心，但是这种快乐被一种实实在在的苦涩调子弄糟了。“为什么男人喝酒而女人喝水？”她又一次发问。在布卢姆斯伯里，男性和女性都喝酒。而且就弗吉尼亚自己而言，无论是行为还是成就，难道不正是她那个阶层的女性已经解放的证据吗？她想的不是她以外的那些阶层。在她的朋友中，只有埃塞尔·史密斯觉得她的职业发展被男性的专横所阻碍。当几年之后弗吉尼亚为劳动妇女的回忆录《我们所知道的生活》(*Life As We Have Known It*)作序时，她被她们的循规蹈矩震惊了——她们觉得一个女人抽烟斗或是读侦探小说是粗俗的。“我觉得她们再过一百年也不会成为诗人或小说家。”她如是告诉玛格丽特·卢埃林–戴维斯。

维塔在一档关于当下文学的广播节目中说她不知道该如何对待这本书，因为她不喜欢书中的大声疾呼，就像十年后她因为同样的原因不喜欢《三枚几尼》(*Three Guineas*)[①]一样。她因为其中的“常识”向听众推荐《一间自己的房间》，而常识恰恰是弗吉尼亚最不关心的。这不是她的风格。坐在格顿学院报告厅里的维塔，当听见

---

① 1663年英国发行的一种金币，等于二十一先令，1813年停止流通。

弗吉尼亚宣称“女性拥有的精神自由比雅典奴隶的儿子还要少”时会怎么想？就仿佛自雅典时期起女性的境况就毫无进展，没有任何议会法案给予女性和男性平等的政治权利，既然如此，格顿又从何而来？在这本书最广为人知的章节中，弗吉尼亚用男子学院和女子学院之间的对比绝妙地表明了她的观点。在国王学院（King's College）[①]，她享用了丰盛的午餐，有比目鱼、松鸡和甜点，还有红葡萄酒和白葡萄酒佐餐。在纽纳姆（Newnham，另一个女子学院）[②]，晚餐的菜单是汤、牛肉、梅干和蛋奶冻，至于饮料，只有“水壶被随意地传来传去”。吃着这样的饭，谈话如何能喷涌而出，天才的想法如何能生根发芽？她没提及在国王学院的午餐是时任研究员的乔治·赖兰兹在他自己的房间里摆下的宴席，而在纽纳姆的晚餐则是在大厅里和学生们在一起。那是本科生的伙食。

此时发生了两件事，极大地考验了弗吉尼亚的信念。

---

① 剑桥大学最有名的学院之一，成立于1441年，由当时的英国国王亨利六世设立创建，因而得名“国王”学院。为了显示国王的雄厚财力，学院建立之初就追求宏伟壮观的建筑，而其建筑群中最著名的当属国王学院礼拜堂，它耸入云霄的尖塔和恢弘的哥特建筑风格已经成为整个剑桥市的标志和荣耀。

② 剑桥大学的一所女子学院，由亨利·西奇威克创建于1871年，是继格顿学院后第二所招收女性入学的学院。

首先是瑞克里芙·霍尔（Rayclyffe Hall）[1]的小说《寂寞之井》（*The Well of Loneliness*）公开以女子同性恋作为主题。这本书刚一出版，媒体就称其猥亵，对其大肆攻击。《星期日快报》（*Sunday Express*）的编辑写道：“我情愿给一个健康的男孩和女孩一小瓶氢氰酸，也不愿意把这本小说给他们看。”该书的出版商乔纳森·凯普（Jonathan Cape）[2]主动提请内政部裁决，而内政部宣布此书淫秽不堪，于是禁止发行。这种图书内容审查行为激起了布卢姆斯伯里人的怒火，尽管他们普遍认为这是本糟糕的书而且小说的作者骄傲自负。福斯特牵头发起请愿，要求内政部收回禁令，并说服弗吉尼亚在一封给《国家》杂志的信上署名，恳求尽管女同性恋主义“对普通大众而言是无趣且令人反感的”，但它是生活中的既存事实，所以也是文学作品中合法的主题。福斯特自己就是同性恋，但是根据弗吉尼亚的日记，有一次福斯特去苏塞克斯拜访伍尔夫夫妇时，曾宣称“他认为女性同性恋令人恶心；

① 瑞克里芙·霍尔（1883—1943）：英国小说家、诗人，其作品《寂寞之井》因触及女子同性恋问题而多年被禁。

② 一家位于伦敦的出版社，由赫伯特·乔纳森·凯普创立于1919年，成立之初的公司名称是“Page&Co”，1921年更名为“乔纳森·凯普”。

一部分是源于传统，一部分是因为他不喜欢女性竟然要独立于男性”。而弗吉尼亚似乎平静地接受了这一挑衅的宣言。她继续支持福斯特和霍尔，帮忙提供大概是代表这本书的文学价值之类的证据，虽然伦纳德建议她个人不要介入其中，以免被视为女同性恋主义的代言人而给布卢姆斯伯里的美名抹黑。她坚持了下来，和一群出类拔萃的知识分子出庭，但他们关于《寂寞之井》是严肃艺术作品的主张被地方法官宣布与本案无关，而这本小说直到1949年还留在禁书索引之中。

如果说第一件事是弗吉尼亚为一个她并不怎么喜欢的女性作家尽力而为，那么接着发生的另一件事则攸关她本人。在玛丽·坎贝尔之后，维塔又交了一个新情人：希尔达·马西森（Hilda Matheson），英国广播公司谈话节目的主管。维塔和希尔达一同去了法国远足，而弗吉尼亚丝毫不想掩饰自己的嫉妒，颇有些义正词严地指责维塔向她隐瞒了这个假期。这不仅仅是因为希尔达似乎要取代她，弗吉尼亚不喜欢她还有其他原因。希尔达是一个有真才实干和决心的女性。她在英国广播公司赢得了很高的职位，并且说动了那些声名显赫的名人，包括赫伯特·威尔斯和萧伯纳，就他们自己选择的主题来做广播节目。弗吉尼亚本人也和伦纳德一起参加了一期节目，但这次经历只让她更不喜欢希尔达。她之前从来没有遇到过像她这样的女人。她觉得她咄咄逼人。“她那张热切的、写满抱负和能力的木头脸出现在我面前，”她在日记中写道，“维塔身上有一个奇怪的特质，那是对于急不可耐却无趣沉闷的中产阶级知识分子的热情。”这样的描述对希尔达不公平。她为沿用至今的广播高标准勇敢地奋斗。如同她的传记作家麦克尔·卡尼（Michael Carney）所写的：“她是一个真正有创造力的人，一个管理者和天才的节目制作人。”但弗吉尼亚没法让自己喜欢一个野心勃勃地在男性世界拼出一方天地的女性。她对有组织能力的女性，就和对有组织能力的男性一样，有一种本能的排斥。她告诉维塔，希尔达“对我而言就像一剂强力泻药、一件粗毛背心、一个大雾天、脑中的一袭寒意”。直到1940年希尔达·马西森去世时，弗吉尼亚还没有消解对她的不喜欢：“我跟她合不来——她看起来那么无趣，那么官方。”但希尔达并非她所说的那样，这时候的我对希尔达已经很熟悉和喜爱了。

希尔达事件标志着弗吉尼亚—维塔关系的冷却。直到弗吉尼亚去世，她们一直保留着朋友关系，在第二次世界大战爆发初期，她们早期的亲密关系又有所恢复。1929年1月，她们在柏林见面，当时哈罗德在那里的英国大使馆任参赞一职，但这次会面以失败告终。伦纳德拒绝出席一个哈罗德特意为他安排的德国政治家的午餐聚会，而讨厌柏林并和维塔一样痛恨外交排场的弗吉尼亚过得很不愉快。有一天她们单独共进午餐时，弗吉尼亚试图恢复她们的老交情却遭遇了意料之外的冷淡。之后又发生了一件事，我也被牵扯其中。这一群人包括瓦奈萨和邓肯去看一部有争议的电影《亚洲风暴》（*Sturm über Asien*），而十一岁的我被拒之门外。维塔因为这种前希特勒时期道德上的极度拘谨而怒不可遏，她带我穿过融雪泥泞的街道回我父亲的公寓。我还记得当时那沮丧、愤怒和格格不入的气氛，而瓦奈萨对维塔痛苦处境的轻蔑态度则使局面雪上加霜。

弗吉尼亚从柏林返回后就一直很衰弱，部分是因为她不得不在柏林忍受的“喧闹”的生活，部分则是因为她吃了晕船药，这让她身体不适。她卧床休养了一个月。这期间，她主要的通信对象仍是维塔（“你对我还有爱吗，抑或只是笔会的一名成员对另一名成员的欣赏？”）。当她恢复后，两本重要的小说占据了她的时间——霍加斯出版社出版的维塔的《爱德华时代的人》(*The Edwardians*)和她自己的杰作《海浪》。

《爱德华时代的人》与《奥兰多》一样，讲的是诺尔古堡和萨克维尔家族。这是一个浪漫的故事——维塔有讲故事的天赋——在故事中她尝试把对传统的热爱和对爱德华时代虚假的价值观的批判相调和。这本书极为畅销，并得到了英国和美国图书协会的推荐，而人手不足的霍加斯出版社成功地应对了飞涨的业务，之后也成功应对了一次，那是维塔另一本跻身畅销书行列的图书《激情过后》(*All Passion Spent*)。这是维塔最好的一部小说，讲述了一位老妇人斯莱恩太太反思社会习俗如何剥夺了她行动或表达的自由。弗吉尼亚对这本书的喜爱胜过《爱德华时代的人》，而维塔对自己的小说毫不在意的言论也令她印象深刻——维塔说，她希望作为一位诗人被世人铭记。她写小说只是为了给我和哥哥交学费，因此写得都很快。

与此相反，《海浪》却是紧张思考和辛勤劳动的结晶。这本书是如此的独树一帜以至于只有少数人能抓住其核心。概括而言，这是六个朋友自述从童年到中年的人生经历的“结果”(在这里不能用“故事”这个词)。六个人的叙述，被描写海上日出日落的抒情段落分隔开。1929年开始动笔时，弗吉尼亚就告诉侄子昆汀这将是“一本完完全全的新类型的书”。而当这本书于1931年出版时，她回复戈兹沃西·迪金森（Goldsworthy Lowes Dickinson）[①]狂热的来信：“我的意思是在某种意义上我们是同一个人而不是单独的个体。这六个人本应是一个人。”这番话道出了这本书的复杂性。这是一道由各种颜色汇成的彩虹，是她小说中最富诗意的一部。它让每个读者感觉言而未尽。尽管如此，小说在三周时间内就售出了六千五百册。

她从未如此全神贯注地对待一本书。写作的历程让人惊叹。她两易其稿，第二稿和第一稿毫无关联。我们可以在她的日记里追寻书的进展。它开始折磨她，“每句话我都换好几种写法；妥协；败笔；各种可能性……我真希望能更享受这个过程。”她病倒了，但这本书仍旧在继续成长，就像酒在酒桶里自然发酵。每天下午她用打字机把早上写的内容打出来，随打随改，然后用专业的方式重新排版，再打出来进行进一步的修改，到校样时还要稍事修改。“我从来没有，”她写道，“为了一本书如此

---

① 戈兹沃西·迪金森（1862—1932）：英国历史学家、政治活动家。在剑桥度过了人生的大部分时间，与布卢姆斯伯里群体关系紧密。

绞尽脑汁。”她在信中不怎么提及这些挣扎。这是一项极度私人化的劳动，她公开表达自己意图的唯一渠道是出版的书。多年以后，她给爱德华·萨克维尔–韦斯特写信：“这是我所写的书中，唯一一本我有时候可以愉快地阅读的书。这并不是因为我写书的时候很愉快，而是因为它是在一种我想我应该再也不会沉浸其中的痴迷状态中写成的。”

干扰写作的因素很多。因为除了生病的时候，弗吉尼亚一刻也未放松她繁忙的社交生活，她和很多人通信联络，不然就是在霍加斯出版社审读不计其数的稿件，还和伦纳德一起把书“营销”到英格兰西南部诸郡，最远一直到彭赞斯（Penzance）。这两个人到中年的知识分子，试着说服冷漠甚至有时出言不逊的书商接受他们阳春白雪的出版物，这幅画面令人动容。“这变得越来越让人无法承受了。”弗吉尼亚向瓦奈萨坦承。但他们并没有放弃，而是招了约翰·莱曼（John Lehmann）[①]做经理，计划在八个月的试用期之后让他做合伙人。莱曼的价值远不止一名经理。他为他们带来了像斯蒂芬·斯彭德（Stephen

① 约翰·莱曼（1907—1987）：英国诗人、作家，20世纪重要的文学编辑之一，创立了期刊《新写作》和《伦敦杂志》。

Spender)[1]、W. H. 奥登(W. H. Auden)[2]、塞西尔·戴—刘易斯(Cecil Day-Lewis)[3]这样的年轻作家。

在写作《海浪》时，埃塞尔·史密斯进入了弗吉尼亚的生活。在某种程度上，她在未来十年的时间里取代了维塔，成为弗吉尼亚的文学知己和主要的通信对象，然而却没有得到爱的反馈。尽管毫无疑问埃塞尔·史密斯以一种病态的热情爱着弗吉尼亚，弗吉尼亚却容忍了她这种爱，就像她容忍了一开始用来分散注意力后来却成为无法轻易摆脱的负担的霍加斯出版社。她们有很多共同的朋友(维塔也在其中)，双方对彼此的著作都感兴趣已久。是《一间自己的房间》迫使埃塞尔想寻求一次会晤，因为弗吉尼亚准确地表达了埃塞尔心中三十余年的痛楚，即女性艺术家为了在男性世界中赢得认可所作的不平等的奋斗。当时已经七十三岁高龄的埃塞尔是一

① 斯蒂芬·斯彭德(1909—1995)：英国诗人、文艺评论家，20世纪30年代左翼青年诗人，以编辑文学期刊《地平线》和《遭遇》而闻名，作品有诗集《静止的中心》《废墟与憧憬》，评论《创造性因素》等。

② W. H. 奥登(1907—1973)：著名诗人、文学评论家，20世纪30年代英国左翼青年作家领袖，后期的诗歌创作带有浓厚的宗教色彩，1946年入美国籍，1947年获普利策奖。

③ 塞西尔·戴—刘易斯(1904—1972)：英国诗人、文艺评论家，曾为英国共产党党员，用笔名"N.Blake"写过侦探小说，1968年被封为桂冠诗人，代表作有长诗《磁山》，评论《对诗的希望》等。

位作曲家，她自认为是男性的偏见阻碍了她作品的演出。事实上情况恰恰相反，由于女性作曲家凤毛麟角，她的存在激起了人们的赞叹，而这位女性的声誉也由于她的自传、她身居高位的朋友们、她因为女权运动而遭到的两个月的监禁得到了提高，这些让她被视为国家英雄，而她创作的音乐，像歌剧《船难掠夺者》（*The Wreckers*）之所以能得到演出，并不仅仅因为它题材新颖、激昂雄壮，还因为作曲家是埃塞尔·史密斯。

她对弗吉尼亚的追求很快就陷入困境。“这就像被一只巨大的螃蟹抓住了。”弗吉尼亚曾向昆汀抱怨，但埃塞尔的坚持不懈得到了回报。在弗吉尼亚书信集第四卷——其中有一百三十封是写给埃塞尔本人的——的序言中，我是这么描述她们的关系的：

> 弗吉尼亚半是高兴，半是防御，称这段关系是“奇怪的不自然的友谊”，害怕贻笑大方，害怕陷得太深。她小心翼翼地提防着她。她们在停泊进同一个港湾之前都早已阅尽千帆。埃塞尔采取了主动，她提出一连串问题，就算能听得见（她耳聋得厉害）她也不期待答案，但

它们都会在弗吉尼亚的来信中重复。阅读这些信，人们可以看见她们的谈话，看见她们逐渐卸下心中所有的重担，弗吉尼亚比埃塞尔更沉默，但渐渐地在压力下，她让步了，并给埃塞尔写信吐露迄今为止她很少向任何人提起的事——她的疯癫（“这太可怕，我向你保证”）、她对性的感觉（“我总是很懦弱”），还有她曾向伦纳德坦白的想要自杀的念头（“要是你不在那儿的话，我就会杀了我自己”）。她开始教埃塞尔耐心和谦虚的好处，而埃塞尔变得平静了一些，不再那么易于挑起事端。弗吉尼亚喜欢冲突，仰慕她，尊敬她。她是一只牛虻，但同时也是一种慰藉。

我还记得埃塞尔，她经常到朗巴恩来，穿着斗篷，戴着三角帽，就像一个马车夫。她身材健壮却不会让孩子们害怕，她到来的那几周对孩子们来说如同节日一般，她是一个固执得让人无法抗拒的女人。通常会招朋友厌烦的耳聋，对于埃塞尔却是一种优势。她让我们对她大声嚷嚷，而我们以一种和常人谈话时所不能企及的兴奋朝她叫嚷。有一次她坐在我们在朗巴恩的天台上，坚持要听夜莺唱歌。一只小鸟在花园里唱得悠扬婉转，但埃塞尔一个音符都没听见，直到它乖乖地栖在她面前的桌子上给她来了一段独唱表演。我们是多么的高兴！我们是多么的喜欢她！

1930年前后，刚刚结识弗吉尼亚的埃塞尔·史密斯。对于埃塞尔·史密斯，弗吉尼亚“半是高兴，半是防御，称这段关系是‘奇怪的不自然的友谊’……弗吉尼亚喜欢冲突，仰慕她，尊敬她。她是一只牛虻，但同时也是一种慰藉”。

第十章

20世纪30年代初期，伍尔夫夫妇每年都会出国度假。此时弗吉尼亚的书已能带来不错的收入，他们有钱去旅行了，更何况瓦奈萨还在不停地诱惑他们——当时她一年中大部分时间都和邓肯以及她的孩子们待在法国南部的卡西斯（Cassis）。他们经常走到很远的地方，伦纳德开着他们崭新的兰彻斯特汽车在空荡的法国道路上行驶。他曾提到弗吉尼亚对旅行有一种热情，"愉悦和放松混杂着"，给她带来新视野、新声音和新味道。她忍受了各种不适，却不能容忍着急忙慌地赶路。重要的是旅程而不是目的地，走得越慢越好。他们可能会在一些地方停下来歇歇脚——蒙田之塔、圣女贞德的城堡——但从不去参观博物馆，除了旅馆里的佣人也很少跟任何人说话，因为弗吉尼亚对自己的法语不自信，其实她完全没有必要这样。

她最喜欢乡下和小城镇的生活，贝德克尔（Baedeker）旅行指南里遗漏的风景，"从未有人去过的"低矮山丘上的芳香植物的味道，在柏树和橄榄树下野餐，离开伦敦的美妙假期，还有无法分享给别人的快乐。

她是一个杰出的旅行者，1932年4月她去希腊旅行时写的那些信和日记充分显示了这一点。她和伦纳德在罗杰·弗赖和他姐姐玛杰丽（Margery）的陪同下前往，前者是古典艺术和拜占庭艺术的权威，后者是野生花卉的专家。这是弗吉尼亚第二次去希腊。二十五年前她已经游览过其中很多地方——雅典、纳夫普利亚、迈锡尼、科林斯——而希腊没有什么改变。乡间道路非常难走，路面经常因为被洪水冲刷过变得坑坑洼洼，没有几个旅行者会到离雅典很远的地方去。空旷的高山和海岸，给了弗吉尼亚无限的快乐。她说这就像乔叟的英国，甚至像荷马的希腊。她在信和日记中（几乎没有一句话是相互重复的）写的不是庙宇和教堂，而是乡村和当地的居民。她在日记里做着口头笔记，就像是画家为一个场景画一幅素描，以便之后在画室里完成一幅完整的画（"大海纯洁的嘴唇亲吻着尚未开放的海岸，背景是山丘、绿草如茵的平原和红色的岩石，这景色是多么的可爱"），在信中她则插上了想象的翅膀，以无可比拟的文学功底将文字与看到的景象匹配起来。

她写信给维塔："我们在靠近马拉松的树林里看见了希腊牧羊人的小木屋，还有一个皮肤黝黑、嘴唇红艳艳、披着粉色围巾的可爱少女正坐在一堆羊毛上纺线。"写给瓦奈萨："如果有什么能唤醒我对女性的爱慕，那就是那些坐在平板车上戴着柠黄、大红和海蓝色头巾的年轻农家妇女，还有驴子、小孩子、丰饶多产的空旷土地；还有大海；还有松柏树。”写给奥托琳·莫雷尔：“没有木屋，没有狗窝，没有茶馆。纯粹的海水冲刷着纯粹的海滩差不多是世界上最可爱的事情了。”这是一堂教你如何旅行、如何进行观察和描写你所观察到的事物的课程，而这些信和她小说的风格之迥异就像是科特曼（Cotman）①和塞尚（Cézanne）②的画的区别一样。她把这次旅行称为人生最美好的一次度假，其中一个原因就是旅途的艰辛。她被太阳晒得皮肤起泡，走路走到筋疲力尽，但她受的苦也得到了回报，他们去了遥远偏僻、人迹罕至的地方。她被这种荒凉的朴素所感动。“我这个老女人（她只有五十岁）对希腊的爱，和我还是一个孩子时对康沃尔的爱一样多。”

1935年的春假，则是另一番景象。他们开车穿过

① 科特曼（1782—1842）：英国水彩风景画家、钢版画家，诺里奇画派主要画家之一，认为大自然本身是纯朴而严峻的，因而以平稳的笔法用冷色调表现自然的本质。

② 塞尚（1839—1906）：法国画家，后期印象派代表，认为自然物体均与简洁的几何体相似，对运用色彩和造型有新的创造，代表作有《玩纸牌者》《圣维克图瓦山》等。

荷兰、德国和奥地利来到佛罗伦萨和罗马。伦纳德被外交部警告犹太人去德国可不是明智的选择，他们发现每个镇子都张贴着反犹海报。然而，他们并没有受到骚扰，虽然邻近波恩（Bonn）的时候他们正巧遇上了戈林（Goering）[①]也在访问这个城市，安检非常严。在可能注意到伦纳德那特点鲜明的犹太人长相前，纳粹突击队员的注意力早已被米兹——那只和他们一起旅行的狨猴——吸引了。我记得米兹。伍尔夫夫妇曾带它去锡辛赫斯特，在我们刚刚从朗巴恩搬来的房子里同我们一起吃午饭，而我父亲害怕啮齿类动物，他惊叹于伦纳德可以忍受这个像老鼠一样的生物在他的脸和脖子周围用爪子挠来挠去。米兹搞砸了我们的午餐聚会，但是德国人喜欢它，经过每一道关卡的时候都有人向他们挥手致意并鼓掌。

弗吉尼亚从未去过西欧和南欧以外的地方，除了结婚前到土耳其北部的那两次短暂旅行。她对远东产生兴

---

① 戈林（1893—1946）：纳粹德国元帅，曾任空军部长、普鲁士总理等职，负责扩军、发展秘密警察（盖世太保）等，战后被纽伦堡法庭判处死刑，刑前自杀。

趣是因为阿瑟·韦利（Arthur Waley）[①]翻译的中文作品。她从未去过非洲的任何地方，从未坐过飞机，也从未横渡过大西洋。尽管她收到两三次去美国的邀请，但她从未去过。她对美国抱有偏见，就像她对非洲的利比里亚（Liberia）有看法一样。她有三个朋友是美国人，汤姆·艾略特（Tom Eliot）[②]、洛根·史密斯（Logan Pearsall Smith）[③]和埃塞尔·桑兹（Ethel Sands）[④]，但她把他们都算作英国人，除非她和他们产生了冲突，那时候他们就又成了美国人。她把他们所有的缺点都归结于这个种族。“长相丑陋、满身灰尘、沉闷无趣”，弗吉尼亚如此描述即将与她初次见面的两名旧金山客人。而在被引见给出版人布兰奇·克诺夫（Blanche Knopf）[⑤]后，她有印象的也只是后者的“眉毛被重新修整了，就像是长在脑门上——效果令人惊奇，但我看得难受”。诗人、小说家玛

① 阿瑟·韦利（1889—1966）：英国汉学家，汉语、日语翻译家，译作有《汉诗170首》《日本诗歌》，日本古典文学名著《源氏物语》等，还著有《中国画研究引论》《敦煌民歌及故事集》等。

② 即T. S. 艾略特。

③ 洛根·皮尔索尔·史密斯（1865—1946）：美国散文家、文学批评家。

④ 埃塞尔·桑兹（1873—1962）：美国出生的画家和艺术资助人，1916年成为英国公民。

⑤ 布兰奇·克诺夫（1894—1966）：阿尔弗雷德·A·克诺夫出版社总裁，出版人阿尔弗雷德·克诺夫的妻子，两人在1915年共同成立出版公司。

丽·萨顿（Mary Sarton）[①]“就是一只呆头鹅，一个模仿雪莱（Shelley）[②]的苍白的美国女孩”。纽约对弗吉尼亚而言不过就是她的出版商哈考特·布雷斯（Harcourt Brace）[③]和《时尚》（*Vogue*）杂志、《时尚芭莎》（*Harper's Bazaar*）的地址，他们寄来的丰厚支票让她很感激。耶鲁大学在她眼中等同于《耶鲁评论》（*The Yale Review*）[④]，1932年她在上面发表了《写给一位年轻诗人的信》（*Letter to a Young Poet*），至于东北海岸之外的美国究竟是什么样子，她一无所知。1933年维塔和哈罗德去美国巡回演讲时，弗吉尼亚给她写信：

我想象你坐在逼仄的头等车厢的座椅上，飞速驶过大片大片的厚平板玻璃，车窗外是一

① 玛丽·萨顿（1912—1995）：本名艾琳诺·玛丽·萨顿，美国诗人、小说家和传记作家。

② 雪莱（1792—1822）：英国浪漫主义诗人，赞颂革命，抨击封建统治和传统，主要作品有长诗《伊斯兰的反叛》，诗剧《解放了的普罗米修斯》及抒情诗《西风颂》《致云雀》等。

③ 美国一家综合性出版公司。1919年由同为哥伦比亚大学毕业的阿尔弗雷德·哈考特和唐纳德·布雷斯合伙在纽约创立。他们出版了许多世界知名作家的著作，包括戴—刘易斯、弗吉尼亚·伍尔夫、詹姆斯·瑟伯、T. S. 艾略特、乔治·奥威尔、罗伯特·华伦等。

④ 最早成立于1819年。自称美国最早的文学季刊，由耶鲁大学出版。

片毫无吸引力的土地，到处点缀着旧的白铁皮水壶，典型的中西部景色。黑种人在隔壁的车厢里吐痰，而再过二十五个小时，火车会停在一个像皮斯黑文只不过比它大七十五倍的叫做拜尔莫拉维尔的镇子上，你将在那儿下车。在和一个我觉得应该叫做塞勒斯·K·辛克斯（Cyrus K. Hinks）的镇长简单吃了点蛤蜊和冰镇梨子糖之后，你将去一个大的浸礼教会大厅并就兰波（Rimbaud）[1]作一个讲座。

她对于加利福尼亚的印象也源自幻想。在给刚去好莱坞的休·沃尔波尔写信时，她想象着："你坐在那儿，广袤的蓝色平原在你身旁翻卷：你身后是一座处女森林；一座大理石的城市在你脚下闪亮；那里的人们新派、勇敢、完全未遭遇文明的污染，手里拿着手枪进出公用电话亭和戏院，飞机在他们头顶呼啸而过。"她似乎认为像

① 兰波（1854—1891）：19世纪法国著名诗人，早期象征主义诗歌的代表人物，从十四岁开始写诗，到十九岁完成《地狱一季》，短短的五年时间就完成了作为一个伟大诗人的全部作品，其作品及简练奥秘的风格对象征主义运动产生了巨大影响，并成为后人热心研究的课题。

希腊这样古老的地方因为其悠久的历史肯定比美国更有道德，更值得尊敬，而后者仅仅因为是新大陆就肯定傲慢而不可爱，缺乏她所推崇的一切特质。她认同美国人没什么有价值的文学作品，也没有悠久的传统，因为所有这些令人向往的特质只能通过好几个世纪的努力和苦难才能获得。她能够想象她自己住在托斯卡纳、多尔多涅（Dordogne）、摩里亚半岛（Morea），但肯定不是缅因州（Maine）。那里没有布卢姆斯伯里的神韵。

她告诉一个正在写关于她的论文的美国学生，“布卢姆斯伯里”这个团体的名字“不过是一个毫无意义的新闻用语”，而这论断似乎被证明越来越正确。布卢姆斯伯里正在分崩离析，瓦奈萨认为它已随着第一次世界大战的爆发死去了。它的成员们分道扬镳，就像一条逐渐接近沙洲的河流。他们现在有不同的职业、不同的爱人。凯恩斯是一名严肃的经济学家、邓肯·格兰特和瓦奈萨是新潮的画家和装饰艺术家，罗杰·弗赖是剑桥大学的斯莱德教授[1]，德斯蒙德·麦卡锡是当时最重要的文学批评家，艾略特在哈佛大学做诗歌教授，斯特雷奇是

[1] 剑桥大学、牛津大学和伦敦大学三校的最古老的艺术教授职位。

畅销书作家，而弗吉尼亚是一位天才作家。那些曾让他们声名狼藉的布卢姆斯伯里态度已经变成了司空见惯的事实：女性已经拥有投票权并开始工作；同性恋和婚前性行为虽然得不到宽恕，但已能被容忍；文学审查制度被认为是过时的东西；社会主义得到了实践；国际联盟（League of Nations）[①]成立了；印象派艺术被接受，佳吉列夫（Diaghilev）[②]就是风靡一时的人物。事实上，如同昆汀·贝尔在他关于布卢姆斯伯里的书中所说的："一个时代的胆大妄为成了下一个时代的陈词滥调。"只有他们的和平主义没有被广泛接受，而布卢姆斯伯里自身也很快抛弃了此信条。

布卢姆斯伯里人不再像从前那样定期通信或会面，但是"回忆俱乐部"还在，临时的聚餐和拜访让分散的伙伴又可以团聚一个小时或一天。尽管僧舍有各种让人不舒适的地方，它仍是最受喜爱的度假地。在查尔斯顿，斯特雷奇大声朗读《维多利亚时代名人传》开头的

① 第一次世界大战后成立的国际组织，旨在减少武器数目及平息国际纠纷。但"国联"却不能有效阻止法西斯的侵略行为，第二次世界大战后被联合国所取代。
② 佳吉列夫（1872—1929）：俄罗斯戏剧和艺术活动家，后长期侨居海外，1909年在巴黎创建俄罗斯芭蕾舞团，在欧美巡回演出。

几个章节，而凯恩斯在和妻子搬去仅在半英里之外的蒂尔顿宅之前在这里撰写了《和平的经济后果》(*Economic Consequences of the Peace*)。对弗吉尼亚来说，这些友谊组成了她生活的核心。1932 年，只有五十二岁的利顿因胃癌去世了，弗吉尼亚写信给奥托琳："我有一种奇怪的感觉，我能听见他正在隔壁的房间里说话——我总想插话进去。我有千言万语要告诉他，但永远也说不了了。"在利顿去世几个星期之后，卡林顿自杀了。她无法忍受没有他的生活。在伦纳德和弗吉尼亚去汉姆斯普瑞看望她的第二天，她借了把猎兔子的来福枪，朝自己开了一枪。六个小时后她才死去。伦纳德觉得她的举动就像戏剧表演一样，但后人则将她的死视为布卢姆斯伯里最美好的行为，是他们对友谊炽热奉献的象征。接着在 1934 年，在与伍尔夫夫妇的希腊之行两年后，罗杰·弗赖也去世了。弗吉尼亚在日记中写到他："高贵、诚实、身材高大——他身上有着某种成熟与音乐性的气质——还有他的幽默，他的生活充满了变化、慷慨大方和好奇。"她称他是"我朋友里最聪明的一个，慷慨，离谱得可笑，具有永恒的创造力"。

她需要一些分散注意力的事来化解失去朋友的悲痛，

比如这些新鲜的事物——相机、能够划桨沿乌斯河而下的独木舟、伦纳德花园里又建的一个水池、僧舍厨房里的北极牌电冰箱、《奥兰多》的收入为她挣来的属于她自己的新卧室、接着学习意大利语。文学界猜想她的下一部小说是什么。《海浪》之后，会不会是另一部风格同样难以理解的小说？在《普通读者（第二辑）》中，她发表了若干篇散文，然后出人意料地写了一部关于一只小狗的短篇小说。《阿弗小传》（*Flush*）中的阿弗就是这只小狗，它是伊丽莎白·布朗宁（Elizabeth Barrett Browning）[①]的宠物。没有什么话题要比小狗和小猫的故事更让人感伤。大家都记得畅销小说《主人在哪里？》（*Where's the Master?*），它是以爱德华七世的小狗凯撒的口吻来写的，这只狗追随它的国王一起进了墓地。弗吉尼亚的书从不假装阿弗能说话，或者能像人类一样思考，但它能够观察，而布朗宁太太为它说出它想说的话。这本书极富诗意。通过阿弗的眼睛，她重新讲述了伊丽莎白和罗伯

---

① 伊丽莎白·布朗宁（1806—1861）：英国女诗人，罗伯特·布朗宁之妻，婚后移居意大利，支持佛罗伦萨独立运动，代表作有《孩子们的哭声》，爱情诗《葡萄牙十四行诗集》。

特·布朗宁（Robert Browning）[1]私奔的故事。弗吉尼亚送给了我一本《阿弗小传》，这是唯一的一次她送自己的作品给我，也许是因为只有这一本小孩子或许能看懂。她不喜欢这本小说。她动笔写《阿弗小传》，是想在《海浪》之后"让大脑冷静下来"。那是很"简单懒散的写作"，当她完成了三万字之后，就开始后悔为什么花时间来写这么一本小说。她告诉维塔这是一个"愚蠢、无知的笑话"，而她自己则"傻里傻气"，前一刻太轻松，下一刻又过于严肃。无论如何，这本书取得了巨大的成功，在英国和美国都获得了图书协会选择大奖（Book Society Choice）。弗吉尼亚看不起称赞它的评论家和购买它的读者，但当丽贝卡·韦斯特说它是"家庭笑话"时她很不高兴，因为她也有同感。她的心思花在了某个更宏大的作品上——《帕吉特家族》（*The Pargiters*），四年后更名为《岁月》问世。

她的名气愈发变成了一种障碍而不是嘉奖。它意味着弗吉尼亚要经常被打扰——陌生人的来信、访谈、拍

---

① 罗伯特·布朗宁（1812—1889）：英国诗人，突破传统题材范围，采用创新的戏剧独白形式和心理描写方法，对20世纪诗坛有较大影响，代表作为无韵体叙事诗《指环和书》。

照、签名，以及如她所表述的沉闷乏味的“看见与被看见”。无论是新老朋友（伊丽莎白·鲍恩［Elizabeth Bowen］[1]、威廉·普劳默［William Plomer］[2]）的探望——他们理解作家对于独处的需要——还是不了解这一点的朋友的朋友的来访，她一概不喜欢。甚至连彼得·昆奈尔（Peter Quennell）[3]这样一位广受赞誉的聪慧的诗人、评论家和传记作家，就因为伍尔夫夫妇不得不在周末招待他，被弗吉尼亚斥为“一条咄咄逼人又不停蠕动的鳗鱼”。当埃塞尔·史密斯恳求弗吉尼亚来沃金（Woking）见见她的邻居时，后者把枪口对准了她。埃塞尔怎么会觉得她有时间花在“仰慕者”身上，或者她会因为这个邀请而高兴呢？“你一直认为我是这种人——我是这么打发我的时间的，穿一件玫瑰色的茶会长袍，不停地说着自己的经历。”

埃塞尔能够以一种维塔从未用过的方法逃避弗吉尼

---

① 伊丽莎白·鲍恩（1899—1973）：英国女小说家，创作多以中上层社会生活为题材，技巧娴熟，刻画入微，主要作品有《心之死》《正午炎热》等。

② 威廉·普劳默（1903—1973）：南非小说家、诗人、文学编辑。曾于20世纪50、60年代编辑了伊恩·弗莱明的《詹姆斯·邦德》系列小说。

③ 彼得·昆奈尔（1905—1993）：英国文学史学家、传记作家、散文家、诗人和评论家。

亚的苛责，并持续向弗吉尼亚施压，而出人意料的是弗吉尼亚竟然接受了，因为她喜欢埃塞尔，钦佩她的固执，尽管自己是这固执的受害者。维塔则更害羞，在公开场合更沉默，不愿意打扰弗吉尼亚的私人空间，当时她已经失去了弗吉尼亚的爱。于是维塔回到家乡锡辛赫斯特，耕耘她的花园，思考宗教的本质，就像她的诗《孤独》（*Solitude*）和《锡辛赫斯特》（献给弗吉尼亚）中所揭示的，这是她生命的一个全新阶段。之后她又写了圣女贞德和圣女大德兰（St. Teresa of Avila）[①] 的传记。弗吉尼亚和伦纳德去过锡辛赫斯特三四次，但只在哈罗德不在的时候在他的卧室住过一晚。她对维塔的感情可以用一句话总结："我无法否认在我心中对你有一团渐渐熄灭的余烬。"

弗吉尼亚对荣誉并不关心。她接受了颁给《到灯塔去》的费米娜奖，可能是因为那时她还不太了解这个奖项。但是现在她的名字被作为新类型虚构作品的领军人物广泛讨论，公众的敬意都涌向了她，而她全部加以拒绝。她没有接受皇室颁发的荣誉勋爵称号（Companion of

---

① 圣女大德兰（1515—1582）：西班牙天主教修女，神秘主义者，倡导加尔默罗会改革运动，1562 年在阿维拉建立圣约瑟女隐修院，著有《到达完美之路》，灵修自传《生活》等。

Honour）[①]（维塔接受了此称号），这是功绩勋章（Order of Merit）[②]之后最引人艳羡的艺术界荣誉。她拒绝了曼彻斯特大学授予的荣誉学位，她给副校长写信，开头是“我无需多说我多么荣幸……”，但在日记里她将此形容为“骗人的东西”。更让人意外的是她拒绝了在剑桥大学作克拉克讲座（Clark Lectures）。这是一个极富声望的邀请。她父亲在1883年作了第一期讲座，而弗吉尼亚是继他之后第一位受邀的女性。难保她不会因为这将推进女性的事业而接受，但她没有。她拒绝的官方原因是她没有时间：准备六个讲座至少需要一年时间，而她急切地想要推进她的小说。但私下里她拒绝的理由是她认为大学讲座是“从中世纪继承下来的过时的做法”，那时书籍稀缺，但现在学生应该看书，而不是听课。试图从一张讲台获得知识就像用一根麦管吸吮英国文学。她在《三枚几尼》中说，讲座只是迎合了授课人的虚荣心，还会激起学者

---

① 英国国王乔治五世于1917年创立，用来作为对在艺术、文学、音乐、科学、政治、工业或宗教领域取得的杰出成就的嘉奖。

② 英国国王爱德华七世于1902年创立，以嘉奖在军事、科学、艺术、文学或推广文化方面有显著成就的人士。功绩勋章是一项很高的荣誉，虽然它有别于传统的勋章，并不附带任何头衔，但不少人仍认为它是现今地位最崇高而尚未废除的勋章。

之间的冲突，更重要的是每次讲座后都很可能有一场招待酒会，那儿的雪利酒和鸡尾酒在她看来甚至还没有纽纳姆学院的梅干和蛋奶冻美味。她声称“这是一个空虚和邪恶的体系”，但她知道在剑桥说这样大逆不道的话很无礼，所以她拒绝了。

沃尔特·西克特请她评论他的画作。她虽有所顾忌，但同意了。她并不是艺术评论家。她评论瓦奈萨的画时充满了爱和仰慕，就像瓦奈萨评价她的小说一样，她们彼此都小心翼翼，生怕写出什么漫不经心的伤人话或愚蠢的东西。在评论她父亲的朋友、一名前拉斐尔派画家的时候，弗吉尼亚则直言不讳地表达了反对意见。在爱德华·伯恩－琼斯的一次画展后，她写道：“那种柔和，那种曲线的运用，人体的私密部位朦朦胧胧——这一切只是一个浪漫的梦而已，让我想起了海德公园门。”轮到西克特，事情就难办了。她曾经真心地喜欢他的画，但和他见面后，他的虚荣和乏味让她反感，“他有一双冷厉的小眼睛，垂垂老矣（他七十三岁了），仿佛有种自知之明，不会对自己的成就产生不切实际的幻想”。尽管如此她还是答应了，并且在瓦奈萨的敦促下写了一篇绝妙的文章。在文中，弗吉尼亚把肖像画和传记进行了对比，然后得出结论——肖像画更真实，尽管“我们不能渗入每种艺术中间的无声空间”。西克特很高兴。他告诉弗吉尼亚这是关于他作品的唯一值得一读的评论。意料之中，弗吉尼亚对自己说，因为她把他从里到外夸了个遍。与此相比，弗赖和克莱夫对弗吉尼亚文章的评判则要严厉得多。

这是弗吉尼亚表达礼貌与友善的一个例子。尽管她的信经常越界，却也是适可而止。布卢姆斯伯里的习惯是以俏皮的方式相互取笑，而不是冷嘲热讽。如果某个人真的遇到了麻烦，或对于这样的取笑没有埃塞尔·史密斯那样的宽容，弗吉尼亚会表现出讨人喜欢的同情心。就像美国人约翰·奈夫（John Nef）[①] 送给她两卷本的《英国煤炭工业的崛起》（*The Rise of the British Coal Industry*）后她的回复，她没说她迫切地期待看到他的书（政治家兼出版商的哈罗德·麦克米伦［Harold MacMillan］[②] 通常的推荐语），而是通读了全书，并感谢他“令人愉快的礼

① 约翰·奈夫（1899—1988）：美国经济历史学家，芝加哥大学社会思想委员会创始人之一。代表作包括《美国和文明》《英国媒体工业的崛起》《征服物质世界》等。

② 哈罗德·麦克米伦（1894—1986）：英国首相，教育家、作家。担任首相后，改善苏伊士危机引起的英美紧张关系，争取英国加入欧洲经济共同体。

物……比起我要审读的所有稿件，我更喜欢你的这本煤炭”。这个谎言（如果算的话）很合理。但对于密友和亲人就没有必要了。她可以呵责，但她更多的是鼓励，特别是对瓦奈萨的孩子们。她去看安杰莉卡冗长的校园话剧，从头坐到尾；她称赞朱利安那篇希望用来申请剑桥大学国王学院奖学金的论文“善”；和昆汀她也一直保持着愉快的通信，她用打字机给他写信，速度一如她思想的迸发。

过于频繁的拜访问题仍旧存在。她写给埃塞尔·史密斯的这封信，最能表现她对此事的失望和她的幽默。

> 汤姆·艾略特昨天滔滔不绝说了快二十四个小时；罗莎蒙德·莱曼（Rosamond Lehmann）[1]现在来吃午餐；奥利弗·斯特雷奇（Oliver Strachey）[2]要来喝茶；科尔法克斯夫人（Lady Colefax）我已经拒绝了；必须去伦敦写《第十二夜》的评论。必须写新闻稿。必须会朋友。所以我不得不决定从今天起中止一切写作工作，

---

① 罗莎蒙德·莱曼（1901—1990）：英国小说家，和布卢姆斯伯里人关系紧密。

② 奥利弗·斯特雷奇（1874—1960）：利顿·斯特雷奇的哥哥，在英国外交部担任公务员，在两次世界大战期间是英国的密码破译专家。

这样才有时间吃到午餐上的牛肉和茶会上的茶点。我要把所有的钱用在衣服脂粉上……手指甲涂成红色，脚指银色，脸部做提升，鼻梁填上蜡。（签名）弗，一个为满足朋友的要求而放弃文学的人。

毫无疑问她讨厌被打扰，但她却用了不少时间向朋友们细细描述这些打扰，可能是作为对他们的提醒，也可能是一种排遣，但更像是她对愤怒的宣泄。“人们来的时候，我很喜欢，而他们走的时候，我更爱死了”，这是她最宽容的抱怨了。

在公开场合抱怨哀叹不是她的风格。但她给《新政治家》（*New Statesman*）写了一封信，可能说出了今天所有名人的心声：

打开日报和周刊。在跨越大西洋的飞行家和谋杀犯的照片中间，你会发现名人的肖像，不管怎么说他们都不应该是公众人物，而是一个个独立的个体，音乐家、作家、画家、各种其他类别的艺术家。他们的家被拍照，他们的家人、花园、工作室、卧室和写字台全都逃不过。访谈出现了：他们对各种话题的看法都被广而告之。

她承认名人会屈从于这种安排，经常是出于朋友之间的友情。她怎会如此天真地想象名人们全都不喜欢如此？比如，埃塞尔就沉醉于公众的瞩目之中。无名小卒渴望名誉，而名人也不总是讨厌名誉。弗吉尼亚相当善于伪装她的谦逊。在她名望最高时，她曾向“回忆俱乐部”朗读了一篇题为《我是一个势利鬼吗？》（*Am I a Snob ?*）的文章。她坦白公众让她着迷，她会在一堆文件的最上方故意放一封贵族的来信，希望来访者能够注意到。她和贵族建立友谊，因为他们比大多数人“表现得更自然”，而她知道他们和她结交是因为她是名人。牛津夫人玛格特·阿斯奎斯（Margot Asquith）[1]请弗吉尼亚写要登在《泰晤士报》上她的讣告，因为“你是尚存世的最伟大的女作家”。她并不期望这样的人与她在智力上交锋：那是布卢姆斯伯里的功用。“如果你问我，我是愿意

① 玛格特·阿斯奎斯（1864—1945）：英国社会名流、作家，嫁给了英国首相赫伯特·亨利·阿斯奎斯。

见爱因斯坦还是威尔士王子，”她在回忆录中写道，“我会毫不犹豫地选王子。”她最不喜欢那种拼命钻营的人。削尖脑袋向上爬的势利眼，甚至比看不起人的势利眼更糟糕，而她两种都不是，所以她认定自己根本不势利。她只是很好奇。她喜欢把人钉住，像对待蝴蝶标本一样。斯蒂芬·斯彭德，二十四岁，“一个和蔼、富有诗意的年轻人，大鼻子，眼睛明亮，就像一只巨大的画眉”。诺埃尔·科沃德（Noël Coward）[1]“叫我亲爱的，还把他的玻璃杯给我让我喝水”。但她会突然变得粗暴，就像有人说斯特雷奇无情而她为他辩护时，“利顿小手指头里的爱要比那只被阉割的浑身长满疥疮、稀毛癞痢秃、上下一般粗、胆小如鼠的秃尾巴猫的全部的爱还多”。她知道如何令人害怕，只要她愿意。

1934年去爱尔兰拜访伊丽莎白·鲍恩，是一个观察弗吉尼亚对于新认识的人和新地点的反应的绝佳例子。两年前，弗吉尼亚与她初次见面，当时还有奥托琳夫人，但弗吉尼亚没有立刻就喜欢上她。伊丽莎白很笨拙，说话结结巴巴，而且嫁给了艾伦·卡梅伦（Alan Cameron），

① 诺埃尔·科沃德（1889—1973）：英国剧作家、演员和作曲家，擅长写风俗喜剧，作品有《漩涡》《欢乐的心灵》，音乐剧《又苦又甜》等。

牛津城的教育官员。这对弗吉尼亚而言不是什么值得推崇的事，她不相信任何官员，而且她怀疑伊丽莎白在写小说时模仿了自己的小说。后来，她的态度转变了。卡梅伦夫妇从牛津搬到伦敦之后，伊丽莎白成了她的文学知己。弗吉尼亚确实非常喜欢她的《巴黎之屋》(*The House in Paris*)，她把这一点告诉了伊丽莎白。这是弗吉尼亚最成功的一段文学友谊的开始。与凯瑟琳·曼斯菲尔德不同，伊丽莎白不会让她嫉妒。而且伊丽莎白也不像埃塞尔·史密斯那样大惊小怪，也不会去打扰她的生活。

这是伍尔夫夫妇第一次去爱尔兰，他们想要看看这个国家的好奇心要强于去探望卡梅伦夫妇，他们在那里就住了一个晚上。弗吉尼亚不喜欢他们的房子，鲍恩宅邸。她称其为“豪华气派、矫揉造作、处处模仿、破败不堪——灰色石头堆砌起来的一座大宅子，四层楼带地下室，就像乡村别墅，房间又高又空”。这还是她在日记里的描述。当写信给瓦奈萨时，她说得更惨：“那是一个庞大的石头盒子，里面满是意大利的壁炉和腐朽的18世纪家具，还有全是破洞的地毯。然而，他们坚持保留这种破烂不堪的状态，还要盛装出席晚餐等等。”最糟糕的是，一同做客的还有西里尔·康诺利（Cyril Connolly）[1]和他的妻子，弗吉尼亚很不喜欢他们："在动物园外面我从来没见过比他们这一对更让人反胃的。"这幢房子和这群人让她感觉到压抑，她又开始通过取笑别人来活跃气氛。康诺利描述了他们那个悲惨的夜晚，"她问伊丽莎白·鲍恩'非正常的不道德行为'是什么，由哪些行为组成，而我感觉到她是个纯洁而害羞的人"，其实她根本不是。

逃离鲍恩宅邸后，他们在爱尔兰继续旅行，去了很多地方，弗吉尼亚陶醉于这个国家的美丽、空旷和朴素。她觉得这是希腊、意大利和康沃尔的混合体，而且跟以前一样她又开始考虑是不是在那里也买一幢小房子，但这想法转瞬即逝：这片土地沉浸在忧郁的情绪中，而房子不是破败的大楼就是恐怖的维多利亚式木屋。她喜欢那里的人。他们有聊天的天赋，"我没法不注意那些流畅的已经组织好的句子，丰富而闲适的语言……为什么这些人不是世界上最伟大的小说家？"

抵达爱尔兰的首都都柏林时，她压根儿没想起詹姆斯·乔伊斯，也出乎意料地没有觉得这座欧洲最可爱的

① 西里尔·康诺利（1903—1974）：英国知识分子、文学批评家和作家。他曾在很有影响力的文学杂志《地平线》做编辑。

都城漂亮。她从不欣赏城市建筑或帕拉第奥式[1]的建筑。她觉得都柏林令人惊奇的广场不过是布卢姆斯伯里拙劣的复制品，而且都柏林人居无定所，焦躁不安。这不是因为，像有些人猜测的那样，德·瓦莱拉（de Valera）[2]领导的爱尔兰共和党的崛起，而是因为他们贫穷，缺乏精神支撑——“没有享受、没有创新、没有意动；只有伦敦的糟粕，空洞无聊，好像被郊区化了。”“不，”她在日记中作出最终的决定，“住在爱尔兰是不行的，尽管那儿有岩石和荒无人烟的海岸。它会让心脏的脉搏减慢。”

她带着一点感冒回到了英国，这使她更加沉闷，但我们不能简单地认为这是普通的忧郁或不满。她通常的表情是沉思的，不像伦纳德很严肃，当她抬头看的时候，脸上都洋溢着想到新念头和新说法的微笑。她喜欢挑衅别人，但没有攻击性。我们这些男孩子，感觉自己在被她观察但不是监视。她的行为举止远超出常规意义上的礼貌。她用自己的笑声唤起别人的笑声，如果说她在交

---

① 一种欧洲风格的建筑，建筑师安德烈亚·帕拉第奥（Andrea Palladio，1508—1580）为此风格的代表。帕拉第奥式的建筑主要依据的是古罗马和希腊的传统建筑的对称思想和价值。

② 德·瓦莱拉（1882—1975）：爱尔兰共和国第一任总理和第三任总统。

谈中并不是特别主动的话，但至少没有退避。她希望人们在她的陪伴下展现他们最好的一面：酒馆老板一定是热情好客的，知识分子必须能活跃气氛，小孩子们要急切地表现自己以吸引大人注意。而她会打探我们的沉默。有一天我们正在对着鸭子扔碎面包块玩，她问："你们会怎么形容面包打到水面上发出的声音？""扑通？"我们提议。"不是。""咕咚？""不是，不是。""那是什么？""吧嗒。"她说。"可是没有这个词。""现在有了。"

有一次我一个人和她坐火车北上去伦敦。我们的车开出当地的车站时，她在我耳边低声说：

"你看到角落里的那个人了吗？"

"看到了。"

"他是来自利兹（Leeds）的公共汽车售票员。他过来和他叔叔度假，他叔叔在这附近有个农场。"

"但是，弗吉尼亚，你怎么可能知道这些呢？你以前又没见过他？"

"绝对没错儿。"

然后在旅途的半个小时的时间里，她告诉了我这个男人的人生故事。角落里的男人仍在抽着烟斗，浑然不知他已经成为20世纪文学中的一个人物了。

第十一章

伍尔夫夫妇继续在僧舍和塔维斯托克广场之间换着住，一个地方一两个星期。在乡下的时候，弗吉尼亚会在唐斯散步，偶尔做做饭（她烤的面包特别好），在草地上熟练地玩滚球游戏。她上法语课，还举办了一场罗杰·弗赖的画展。写书之外，她也看书。她的阅读量大得惊人。绝大多数作者在忙于写新书的时候——就像她当年写《帕吉特家族》时那样——不会给自己留时间阅读，或者写些不相干的东西。但弗吉尼亚会在长长的一段散步后，拿起《雅典的泰门》（*Timon of Athens*）[①]——一位18世纪牧师的传记，或者第六遍翻看《大卫·科波菲尔》（*David Copperfield*），再或因为其中的语言而非教义阅读《圣经》。除了在霍加斯出版社收到的稿件之外，她还对埃塞尔·史密斯或斯蒂芬·斯彭德写的书很坦白地加以评论，她通常会以安抚性的句子结尾，“但是对此请不要在意”，尽管她知道这是不可能的。她发现评判当代的人很困难。他们就像在隔壁房间唱歌的人，声音太响又离

① 莎士比亚的最后一部悲剧，大约写于1607年至1608年。雅典贵族泰门由于乐善好施，许多人乘机前来骗取钱财，导致其倾家荡产，朋友们纷纷背他而去。创作这部戏剧时的莎士比亚，在思想认识上已经成熟，对社会也看得更透彻。他认识到金钱是社会普遍罪恶的根源，也认识到人文主义理想在现实生活中是无法实现的。

得太近。“因此我对（D. H.）劳伦斯不公平，”她写道，“你怎么能把他放入非常伟大的作家行列？对我而言，他就像穿过隧道的一趟快速火车——一声尖叫、一点火花、一阵烟雾然后就不见了。”T. S. 艾略特也没躲过，伍尔夫夫妇去看了《大教堂谋杀案》（*Murder in the Cathedral*）[①]，“我尖叫着，差点要把伦纳德拖出来”。

1935 年，为了庆祝安杰莉卡的生日，弗吉尼亚把自己唯一的剧本《淡水》（*Freshwater*）搬上了舞台，该剧讲述的是摄影师卡梅伦太太和她在怀特岛（Isle of Wight）的朋友们的故事。1923 年她完成了初稿，如今又改了一稿，在费兹罗广场瓦奈萨的工作室里对八十位朋友演出。朱莉娅·卡梅伦（Julia Cameron）一角由瓦奈萨饰演，她的丈夫由伦纳德饰演，而埃伦·泰莉（Ellen Terry）由安杰莉卡饰演。其他角色分给了邓肯·格兰特、艾德里安·斯蒂芬和朱利安·贝尔。弗吉尼亚是制作人和提词员。

国内外紧张的政治局势产生了更多的干扰。希特勒刚刚就任德国总理，谋杀了一批他曾经最亲密的同伙。墨索里尼侵略了阿比西尼亚。工党因为对此事件的态度

① 根据艾略特同名小说改编的电影，获第十六届威尼斯电影节特别奖，1952 年上映。

不同而分裂。作为一个冷眼旁观者，弗吉尼亚极不情愿地出席了在布赖顿（Brighton）召开的工党年会。在会上和平主义者乔治·兰斯伯里（George Lansbury）[①]遭到了欧内斯特·贝文（Ernest Bevin）[②]的猛烈抨击，“就像一条蛇生吞了一只蟾蜍”。弗吉尼亚无法使自己相信这些人或他们的讨论能对人类的幸福起到一丁点儿作用，但又避不开他们，因为伦纳德也参与其中。金斯利·马丁（Kingsley Martin）（左翼期刊《新政治家》的编辑）经常不请自来，他们在伦敦和乡下的收音机里始终滚动播放着新闻。为了让伦纳德高兴，她四处游说，为一个反法西斯展览争取支持，或许根本没意识到这是由共产党人发起的，甚至还为马克思主义的报纸《工人日报》（*Daily Worker*）撰写了一篇文章。当有人要她接替赫伯特·威尔斯，出任更关注人权的国际作家协会“PEN”的主席时，她爆发了，她写信给埃塞尔，“我掸掸我的手，就像希腊妇女把虫子

---

① 乔治·兰斯伯里（1859—1940）：英国政治家、社会主义者、基督教和平人士、报纸编辑。他曾担任议会议员（1910—1912，1922—1940）和工党领袖（1932—1935）。

② 欧内斯特·贝文（1881—1951）：英国工联主义者、工会领袖，曾任劳工大臣（1940—1945），外交大臣（1945—1951），参与建立布鲁塞尔条约和欧洲经济合作组织（1948），签订北大西洋公约。

从她们孩子的脑袋上掸开一样”，“想想他们该死的厚颜无耻！一年十次宴会，而我要坐在这群哭哭啼啼的马屁精的首席，还要负责安慰他们！”

那只西班牙猎犬平卡死了，不过它会以阿弗的形象在弗吉尼亚的书中永远活着，狨猴米兹还在。瓦奈萨在卡西斯住了半年，她的儿子朱利安在中国一所偏远的大学[1]教书，就是在给他们俩的信中，弗吉尼亚编织了最有意思的家长里短，从一个话题跳到另一个，就像简·奥斯丁给她姐姐卡桑德拉写的信那样。她仿若一名钢琴家，用右手弹奏出轻松悠扬的曲调（她写的信），而左手奏出的则是沉闷严肃的乐声（她的日记）。正是通过左右手的交互弹唱，我们可以前所未有地贴近《岁月》，追寻它的进展。在信中，她描述她的挣扎，就好像这只不过是她无法摆脱的一阵讨厌的咳嗽；在日记中，她则是一个临产的孕妇。

1932 年她就开始写《岁月》，当时书名还是《帕吉特家族》，她在九个星期的时间里写出了六万字，每一个词都经过仔细推敲。她时而兴高采烈，时而垂头丧气。一会儿她感觉大脑就像“一辆劳斯莱斯的引擎，低吼着以

① 这里所指的是武汉大学。

每小时七十英里的速度行进着”，而下一刻写出来的都是“站不住脚的废话”。典型的日记记录如下：1935年6月10日：“工作非常努力。我想我很快就能把这些场景写完。”6月11日：“今天早上我还不能写作。”9月12日：“在重写《岁月》前我从未有过这样的感觉，脑袋里好像充斥着一个大的热气球，它的篇幅如此之长，压力也如此之大。但我会用尽一切办法让我的头脑保持清醒。”她已经五十三岁了，进入了更年期，伦纳德对此很焦虑。1936年3月，她又在日记里写道：“我肯定已经非常接近疯狂的边缘了。我想我已经深陷此书，以至于都不知道自己在做什么。我发现自己沿着海滩边走边大声说着话”，而这本书是“如此昏黄，如此喋喋不休，看上去似乎正显出了我的衰老”。第二天早晨，书看起来又没那么糟糕了，“正相反，透着繁华热闹和生机勃勃”。几个星期之后，她写道：“自《远航》之后，我再也没有在重读稿子时感受到如此深切的失望。”1936年4月，由于害怕她的精神可能会因此全面崩溃，伦纳德带她去康沃尔住了两个星期。弗吉尼亚把校样搁置了两个月再来修改，砍掉了“很大一部分”，足有二百五十页。即便是在如此巨大的删改后，这仍是她篇幅最长的一本书。

这是她个人的磨难。“镰刀形的月亮”（sickle side of the moon，我们用这个短语来作她书信集第五卷的卷名）讲述了她的社交及家庭生活，即使在精神最低落的时候，她也从没有忽略它们。她没有向朋友们隐瞒这本书给她带来的痛苦，但她所提到的都是自责悔疚，从没有自哀自怜。她对戴迪·赖兰兹说：“这本书完全没有价值。”对埃塞尔说：“一本不可救药的差劲的书。啰唆、愚蠢。”对瓦奈萨说：“冗长乏味的令人生厌的书。”又对埃塞尔说：“我不知道也不在意这究竟是最糟的书还是最好的。”对珍妮特·凯斯说：“它太差了。”对维塔说：“我会很高兴地给它绑上石头，然后让它沉进大西洋。”

她抢先自我批评，是为了把自己武装到刀枪不入，然后接受意想中的评判。当然没有人会像她那样认为这本书这么差。到了必须把稿子给伦纳德看的时候了。和以前一样，他必须是她的第一位读者。是出版还是放弃，她完全依赖于他的判断。在 1936 年 11 月 3 日的日记中，她描述了这个场景：

周日我开始看校样。当我看到第一部分的结尾，我绝望了：无情却彻底的绝望。我说，太好了，这本书真是太差了，一点希望都没有了。我必须拿着校样，就像拎着一只死猫一样去找伦纳德，让他趁人们还没看过就把它们烧了。我就是这么做的。[然后她去霍尔本稍稍散了会儿步。] 我不再是弗吉尼亚，那个天才，而是一个无关紧要但心满意足的——我能称之为灵魂？或一具躯壳？而且非常疲惫，非常苍老。[各种社交活动结束后] 我们回到家，而伦看啊看，一句话都不说。我开始感到深深的沮丧……突然，伦放下他手中的校样，然后说他觉得它非比寻常的好——和任何一本我的书一样的好。

两天后他看完了。"昨晚大概十二点，伦放下他手中的最后一页，说不出话。他热泪盈眶。他说这是'最不同寻常的一本书'——他比喜欢《海浪》还要喜欢它，而且没有丝毫疑问，这本书必须要出版。如释重负的那一刻真是太好了。"

实际上，伦纳德言过其实了。在他自传性质的作品《一路下坡》(*Downhill All the Way*) 中，他坦白："我知道除非我能给一个完全赞美的评价，否则她就会陷入绝望，完全精神崩溃……那个评价并不完全是我对这本书的看法。如果她的身体状况好一些，我不会如此表扬这本书。”他没有说为什么他觉得这本书令他失望。他对于这本书出版的认可，给了她足够的信心。她回到校样前，又彻底修改了一遍，三个星期后她仍旧保持着自信：“在我看来最后总算有个好的结果。不管怎么说这都是一本读起来紧巴巴很费劲儿的书，也有一点美感和诗意。一本内容满满的书。感觉有一点欣然自得。我也不需要过多在意别人说什么。”

1937年3月，自开始构思五年之后，《岁月》出版了。等待对弗吉尼亚而言是枯燥和冰冷的折磨，但是除了极少数的几个人，其余评价全是溢美之词。她并没有像她预想的那样被嘲笑。看了巴兹尔·德·塞林考特（Basil de Selincourt）[①] 在《观察家报》（*The Observer*）上发表的书评，她愉悦地想象着会有其他读者读到这篇书评。她没有失败。人们会议论她的书，称赞它，掏钱买下它。她高兴地就像初次发表作品的小说家一样，他们会买一

① 巴兹尔·德·塞林考特（1877—1966）：英国散文家，记者。

份《旗帜晚报》(*Evening Standard*)，在地铁上打开后突然发现她的书赫然在列。她会因为一条略带恶意的评论，如埃德温·缪尔在《听众》(*The Listener*)上发表的书评而心情沮丧。"所有的光都消沉不见了，"细读之后她写道，"我的芦苇被压弯到了地上。看来别人和我想的一样，我的这本书活像一块叫人恶心的大米糕，死气沉沉，让人失去胃口，简直就是个冰冰凉湿漉漉的失败品。"

她紧张的是人们原本期待一本像《海浪》一样朦胧抒情诗般的书，结果却看到了叙事更传统、更直接的《岁月》，未免会失望。她告诉斯蒂芬·斯彭德这次她想吸引普通读者的注意。但是正如德·塞林考特所言，如果不是已经写了《海浪》，没人能写出《岁月》。表面上，这本书是关于一个家族（帕吉特家族）的故事。故事从19世纪80年代开始——在一幢像海德公园门似的维多利亚式房子里，我们跟随着他们分歧、争吵的人生——直至小说出版那一年。这本书带有部分的自传色彩。我们看到了弗吉尼亚在第一次世界大战时的经历、在伦敦经受轰炸，还有她关心的那些问题，如妇女的从属性和她的不可知论。就拿描写帕吉特太太葬礼的那一段来说，她的女儿听到牧师在敞开的墓穴上方祈祷：

“我们对您表示真心的感谢，”那个声音说，“因为您乐意把我们的这个姐妹从这个罪孽世界的苦难中拯救出来。”“多大的谎言！”她在心中喊道。“多么该死的谎言！”他剥夺了她唯一觉得真实的感情。

那是桀骜不驯的弗吉尼亚在说话。我们还听见诗人弗吉尼亚的声音。一辈子从未写过一行诗的她，可以把小说的一整页用来描写雨，不是哈代（Thomas Hardy）[①]那样评注形式的文字，而是如斯宾塞（Spencer）一般能引发共鸣的描写。书中也有布卢姆斯伯里的烙印。帕吉特家族的第二代不害怕讨论性、战争、暴行、穷人、富人，青年人和老年人、永恒和变化的对比，但他们没有布卢姆斯伯里人勇敢。他们没有远航。

虽然这本书并非简单的叙事，它深刻得多，却也立刻取得了成功，公众已经用下一代人对亨利·摩尔（Henry

① 哈代（1840—1928）：英国小说家、诗人，早期和中期主要从事小说创作，作品多以家乡韦塞克斯为背景，后期转向诗歌创作，代表作为小说《德伯家的苔丝》《无名的裘德》，历史诗剧《列王》。

Moore)[①] 雕塑的惊叹心情来看待弗吉尼亚的小说。这本书在英国的销量重振了伍尔夫夫妇的财政状况。《阿弗小传》的成功是相当长一段时间之前的事，他们的经济已经开始不稳了。在美国，作为对出版人唐纳德·布瑞斯(Donald Brace)给予弗吉尼亚频繁拖期的无限耐心的回报，这本书在两个月内卖出了两万五千册，并在畅销小说榜保持数周领先位置。同样也是美国人的米切尔·利斯卡对此评论道："她遇到了最奇怪的现象，她最肯定的失败已成为她最伟大、最受欢迎的成功。"

在修改《岁月》校样的漫长时间里，弗吉尼亚启动了她文学生命里另外两个重大项目——应罗杰·弗赖的姐妹们的请求所写的他的传记，和她的批判著作《三枚几尼》。比起传记，她更享受写檄文，她已经开始为它收集材料了，因为她可以毫无限制地谈论男人和战争，但是要写弗赖就有很多需要谨慎考虑的个人问题：他曾是瓦奈萨的情人；克莱夫曾指责他剽窃了他的创意。而且关于他的信息太多了。"你可以把一本小说删减到二百五十页，但是一个人的人生你怎么删减？"她向维塔抱怨，"事实。

① 亨利·摩尔(1898—1986)：英国雕塑家，按照自然形体和节奏原则而非几何形体作抽象雕刻，代表作有《母与子》《两个形体》《新娘》等。

那么多的事实。任谁能在这之中提笔！”但是她必须信守承诺。从某种角度，她将不得不描写他的风流韵事却不着重笔墨，因为就算是布卢姆斯伯里人也不会接受在传记中描述性，而这在四十年后司空见惯。她给埃塞尔写信：“一个人怎么能维持如此错综复杂的关系？一个人又怎么能和二十个不同的情人交往？而罗杰·弗赖被证明每天都在创造更大的奇迹。”

《岁月》带来的磨难过去了，弗吉尼亚正在逐渐地恢复健康，并且能够在文学创作和其他事务之间从容周旋，而此时伦纳德也已能兼顾他的巨著《洪水之后》（*After the Deluge*）和对霍加斯出版社的管理。1937 年，他们最满意的经理玛格丽特·韦斯特（Margaret West）去世了，他们的工作负担骤然倍增。弗吉尼亚仍是投稿的主要审读人，还要在书出版后带着它们四处推销。随着出版社知名度的提高，以及弗吉尼亚的名人效应，毛遂自荐的散文和诗歌稿件不可避免地如潮水般涌来。“每一个能买钢笔和一令纸的男孩和女孩，”她告诉珍妮特·凯斯，“马上就能写出一本小说，把它捆好送到我们这儿来。”但是她还是找到时间为周刊写文章，并在英国广播公司的系列广播“词语难倒我”（Words Fail Me）中做了一期节目。

被她称为“工艺”的录音带是唯一留存的对她声音的记载。她的声音如歌唱一般，音调抑扬顿挫，重音放在意想不到的地方，如“c*i*vilization”。这就是我们所知的布卢姆斯伯里的声音。

1936年12月，爱德华八世尚未加冕就宣告退位了，这之后的几天里，所有的事不论大事小事私事公事都被挤到了一边。弗吉尼亚由于正亲身经历着这起将会被讨论好几个世纪的大事件而显得很兴奋。她不是特别喜欢君主制。还是小女孩的时候，她曾站在大街上等着维多利亚女王的马车驶过。这是她和皇室最近距离的一次接触。乔治五世去世的时候，她觉得民众为“一个非常平庸的人”悲痛得太过了。对她而言，皇室是“野蛮落后、情绪化、家族徽章、教会主义、感情用事和势利”的奇怪幸存物。据小道消息，她曾如此评价爱德华八世，他是“一个损人利己的二流小暴发户，唯一的优点是他包养了两个情妇，而且喜欢顺便和几个矿工的老婆喝杯茶”。事实上，他当时只有一个情妇沃利斯·辛普森（Wallis Simpson），而且只和一个矿工的老婆喝过一杯茶。

当国王的绯闻传遍大街小巷时，布卢姆斯伯里所持的是开明的中立态度。为什么他不能和自己想要的人结婚？但当他们意识到事情并不仅仅只关涉一位君主，而是君主制的存废问题时，他们稍稍改变了论调。“这个毫不起眼的小男人”正在移动一块会引发雪崩的小卵石。所以就让他包养沃利斯做情妇吧，然后等他厌倦的时候再换一个。“但很显然”，弗吉尼亚在日记里写，“国王小资产阶级的精神错乱的念头让他坚持了婚姻的形式”，用失去权杖的代价让沃利斯赢得尊敬。

1936年12月10日，在爱德华八世的退位日那天，弗吉尼亚坐公交车去了白厅（Whitehall）[①]，有一大群人焦急地在那里等待消息。她在那儿遇到了奥托琳夫人，然后仿若心有灵犀一般，她们同时抬头望向了那个查理一世走向断头台的房间的窗户。“我感觉回到了17世纪，和一个宫廷侍女走在一起，她在为查理一世的处决而不是爱德华八世的退位而哀伤。”她们叫了辆出租车。司机说：“英国有这么多好女孩儿，我们不要一个已经有两个丈夫的女人，而且还是个美国人。”这就是公众舆论。然后她们看见一辆运报纸的货车驶过，上面的海报只有一个词：退位。

① 英国伦敦市内的一条街，它连接议会大厦和唐宁街。在这条街及其附近设有国防部、外交部、内政部、海军部等一些英国政府机关，因此人们用白厅作为英国行政部门的代称。原“白厅”已于1698年毁于大火。

第十二章

伍尔夫夫妇的生活在1937年年初回归了正常，但随之又被紧张的国际局势所扰。伦纳德在塔维斯托克广场为政治家和记者定期举办会议，弗吉尼亚则尽可能地离这些远远的。“那些刺耳的、嗡嗡的焦恼的声音快把我逼疯了。”她写信给埃塞尔，她被说服加入了一个名为“警惕”（Vigilance）的反法西斯知识分子委员会，但之后她又退出了，感觉自己没有什么可以贡献的。伦纳德可以代表他们两个人发言。人们总是在问她对在阿比西尼亚、波兰、西班牙发生的事的看法。她什么都不知道。“为什么每个人都要用政治来烦我？”她对埃塞尔抱怨道，“你是不是也不得不无休止地编造这种没有意义的废话，在各种各样的小册子或者信件上签名？”她在为《三枚几尼》保存火力。

这时发生了一件事，迫使她对此关注起来：瓦奈萨的儿子朱利安·贝尔在西班牙内战中被杀了。

因为瓦奈萨，弗吉尼亚深爱着朱利安，她也开始欣赏他优秀的品格。在他死后，她悄悄写道：“我们的关系很稳固，因为它建立在我们对奈萨的热爱上——这个词对我们任何人来说都算不上强烈。”她喜欢他坚强、有男子气概、爱冒险。在某些方面朱利安让她想起了她的哥哥索比，他也差不多是这个年纪去世的。索比和朱利安对于思想和思想的清晰表达都深感兴趣，从这个意义上来说，他们都是知识分子，但索比在思想和写作上比朱利安更成熟，伦纳德对朱利安的评价是“从没有真正长大”。朱利安的生活像他的写作一样，一直不协调，尽管他在爱情和政治上都很圆满。他没有工作，也不真正符合哪个工作的要求。他没能在国王学院获得职位。霍加斯出版社拒绝了他写的罗杰·弗赖的回忆录，而 T. S. 艾略特（为费边社）拒绝了他的散文集。1937 年 3 月他从中国回来之后，弗吉尼亚在他身上看到了从未有过的成熟。他能够在与伦纳德还有自己父亲的政治讨论中坚持立场，但他还是容易激动，笨手笨脚（凯恩斯的用词），举止散漫，却非常讨人喜欢，结合了克莱夫的桀骜不驯和瓦奈萨的正直。从外表上看，他就是一个年轻的阿喀琉斯（Achilles）。

为什么他会不顾朋友们的劝告还有瓦奈萨和弗吉尼亚的乞求，下决心站在共和政府这一边反抗佛朗哥[①]？许

① 佛朗哥（1892—1975）：西班牙独裁者，长枪党首领，发动反共和政府的叛乱（1936），夺取政权之后任元首兼大元帅，第二次世界大战中支持德、意法西斯侵略战争。

多与他同时代的人都将西班牙内战视为当时的主要政治斗争——共产主义对法西斯主义——的舞台。朱利安不是共产党员。出人意料的是，他实际上也对意识形态的冲突没有太大的兴趣。一个和他一起待在西班牙的朋友理查德·利斯（Richard Rees）[①]证实“政治的微妙和忠诚都不会让他过分关心”。他是被经历战争的机会所吸引，能“处于复杂的局面”，能证明他的男子气概，加强他对人生的掌控。度过一个多少有些平淡的青年时期后，他渴望兴奋，也许也渴望荣耀。弗吉尼亚将此解释为“血液中的一种狂热”。这也是对布卢姆斯伯里和平主义的一种反应。在唯一要紧的活动发生在前线时，他不会满足于舒适地坐在剑桥挑起知识分子的论战。但是他知道他的母亲会多么伤心欲绝，于是同意妥协。他不会作为一名士兵加入国际纵队。他将加入名为“西班牙医疗援助”（Spanish Medical Aid）的英国组织，作为一名非抗战人员，驾驶救护车。这满足了布卢姆斯伯里的和平主义，也平息了他们对他的安全的担忧。

他在7月共和军抵抗佛朗哥入侵马德里的一次重

① 理查德·利斯（1900—1970）：英国外交家、作家和画家。

要战斗的前夜，加入了该组织。他的任务是把战场上的伤员运送到建于腓力二世（Philip Ⅱ）[①]埃斯科里亚尔宫（Escorial）的两所医院。虽然并非主动进攻，这项任务却极度危险。他一直处于战火之下。英国医疗队有一半人在此役中丧生。1937年7月18日，朱利安因一片深深插入胸膛的弹壳碎片而丧命。他的遗言是："哦，我一直想有一个情妇和一个去打仗的机会，现在两个我都有了。"

消息在两天后传到英国，接下来的几个星期弗吉尼亚一直陪在姐姐身边，从伦敦到查尔斯顿一直如此，分开以后她也每天给瓦奈萨写信。她给予瓦奈萨的不只是安慰，还有她的陪伴。她不能告诉姐姐她的真实想法——朱利安的死是一个"彻底的浪费"，就像她对别人说的，她要赋予它一定的庄严的意味。他是为了自己的理想而献身。这对弗吉尼亚来说并不好过。她和瓦奈萨的亲密自早年起就没有完全修复过。"她一旦表露心迹，我总是退缩开。"瓦奈萨有一次坦白。现在这样可怕又这么私人的一件事，将她们再度紧密地连在了一起，弗吉

① 腓力二世（1527—1598）：西班牙国王，英国女王玛丽一世的丈夫，兼并葡萄牙后任葡萄牙国王（称腓力一世），反对宗教改革，迫害异端，派无敌舰队远征英国，遭到惨败。

尼亚不仅用上了几乎快要说尽了的安慰人的话，还有一种态度，经常通过沉默来传达，等到痛苦减轻些了，再说点共同的回忆和笑话，这是瓦奈萨无法从别人，尤其是朱利安的父亲克莱夫那里能获得的。多年之后，在弗吉尼亚去世后，瓦奈萨给我的母亲维塔写信："我记得得知朱利安死讯之后的那些日日夜夜，我躺在那里，沉浸在一种不真实的状态中，听见她的声音一直在耳边，推动着生活向前走，要不是她，日子就停下来了。"当时，瓦奈萨觉得她无法张口向妹妹表示感谢。她请求自己并不了解也不太喜欢的维塔替她表示。"我无法告诉弗吉尼亚她是怎么帮助了我。也许有一天，不是现在，你可以告诉她。"维塔替她传了这个信。

朱利安去世时，弗吉尼亚正沉浸于《三枚几尼》的创作，这是对战争和挑起战争的男人的谴责。她最喜欢的年轻人以她最强烈反对的方式抛弃生命，这令她痛苦不已。她没有提及朱利安的命运来增强她的观点——实际上，书中没有任何自传性质的内容——但"在写作的时候我一直在想着朱利安"。她决心揭露"用更大的罪恶来抵抗罪恶"的愚蠢。这是一个和平主义者的声明，但不仅于此。她希望把战争归咎于男人和他们对待女人的方式。这近乎说如果女人在国内有更大的影响力，就不会有战争。她们被剥夺了这种影响力。她们受不到好的教育，被排除在工作之外，甚至在家里也处于从属地位。女性应该抗争，不用像埃塞尔·史密斯那样强硬，要温和。男性的傲慢和野心不应与她们分享。她们必须宣告她们自己是“局外人”，哪怕要放弃国籍。“如果你坚持为保护我或‘我的国家’而奋斗，”她写道，“我们之间应达成清醒而理性的共识，你是为了我不能分享的雄性本能而斗争，为了我并没有分享到也不会分享的利益。”不能要求妇女为了保卫她们的国家作贡献，因为她们的国家什么都没有为她们做。“局外人”会说：“实际上作为一名女性，我没有祖国。我不需要祖国。作为一名女性，我的祖国就是全世界。”这是她论点的精髓，既不清醒也不理性。

我发现自己陷入了某种困境。我写的是一位与我有很深厚的感情并且我非常仰慕的女性的一生。但我不得不反对她终其一生所秉持的最核心、深刻的信念。在弗吉尼亚书信集的第五卷和第六卷的序言中，我陈述了我的理由，而且觉得没有必要再作更改。赫米奥娜·李在她的弗吉尼亚传记中说，我和像我一样的其他人，包括昆汀·贝尔，误解并低估了弗吉尼亚的论点。她在为女性的不平和委屈掘一口深井，以一种意义深远却又异常耀眼的方式。《一间自己的房间》在阐述女性权利的观点时迷人而富有机智，而《三枚几尼》却充满了愤怒。其中大部分内容都是用我在她任何其他书、日记、信件或谈话中不曾见过的尖刻语调写成的。她觉得她有权利生气。利用她的声名作为抗议的传播媒介，是她的义务。她正生活在非常危险的时代。她觉得危险是因为男人天生好战。男人喜欢冲突，女人则不然。

没有人剥夺她这么说的权利，但她的论断也应该任人提出异议。正如昆汀·贝尔所说，“在一个更加令人痛苦和更迫切的问题上介入女性权利的讨论是错误的：我们要做些什么来面对不断增长的法西斯主义和战争的威胁。这两个矛盾没有相同之处。女性在总体上比男性更和平也是不对的，从特洛伊战争的海伦到玛格丽特·撒切尔都可以看出，她们鼓动发起战争，作为一种政策手段，用来展现男性的刚毅和自尊。在第一次世界大战中，向被认为是逃兵的人分发白羽毛的也不是男人而是女人。她们仰慕勇士，鄙视懦夫，在后来的战争中她们为和男人共担风险感到自豪。如果弗吉尼亚是正确的，为什么女性不全都是和平主义者？她们为什么不用刚刚赢来的投票权来推翻支持战争的政府？而且除了利用军事备战来进行抵抗，她能提议什么方式来战胜她痛恨的法西斯主义？

对一个小册子的作者——她称《三枚几尼》是“我的战争小册子”——不应该期望她像学术作者一样对逻辑和原始资料有自己的坚持。她不是一个政治家。伦纳德在他的自传中说弗吉尼亚是自亚里士多德发明“政治”这个词以来最不政治的人。但在《三枚几尼》中，她却使用了政治谩骂的武器和大量引用的学术手段。她希望被严肃对待，特别是她在《一间自己的房间》的开头就提出的女性一直被男性压迫、处于不利地位而且仍然如此的主题。她不是在抱怨自己的命运，因为她的才华的绽放并没有受到恶意的对待或遭到社会陋习的阻挠。她确实被剥夺了接受大学教育的权利，但那仅仅意味着她从未体验过的知识训练可能会让她不再使用《三枚几尼》中的夸张修辞。在《一间自己的房间》中她提到的都是仅限于她那个阶层和文化背景的女性，这是最没有理由抱怨的一小部分人。1979 年我曾评论过她的这些论点，可以总结如下：“如今报纸每天刊登的讣告中的这些女性，她们卓著的职业生涯开始的时候恰逢弗吉尼亚在抗议她们没有机会。她举的例子大多数都发生在过去，但她表述的方式暗示它们仍然存在。她描绘的是一个已经消失得无影无踪的世界，但对她来说仍是真实存在的。她如此年轻，如此目空一切，如此成功地从这个世界赢得了自由，几乎就她一个人在想象这世界在根本上还是一成不变。”

1938 年 6 月《三枚几尼》出版后，评论家的反响不很热烈，大多比较温和。格雷厄姆 · 格林（Graham Greene）[①]和巴兹尔·德·塞林考特表现得很友好，如果有一点困惑，可能就是我们能感觉到他们的畏缩是因为：如果他们在她的论点中找漏洞，就是承认了弗吉尼亚所写的每一点关于男性的傲慢。女性评论家的言论则大胆得多。西奥多拉 · 博赞克特（Theodora Bosanquet）在《时间与潮汐》[②]（*Time and Tide*）中写道："我假设伍尔夫太太不会在众多证据面前仍坚持'嫉妒'、'虚荣'、'贪婪'

① 格雷厄姆 · 格林（1904—1991）：英国小说家，主要作品有间谍小说《斯坦布尔列车》，其他小说《布赖顿硬糖》《第三人》等。

② 英国政治文学评论周刊，由荣达夫人创办于 1920 年。杂志成立之初是左翼和女权主义的支持者，后来随着杂志所有者观点的变化转移到右翼，于 1986 年停刊。

和‘占有’只存在于公众生活，并且‘唯独由男性表现出来’。”而奎尼·利维斯（Queenie Leavis）[1]在一篇弗吉尼亚甚至都没耐心看完的长文中说：“这本书不仅愚蠢、孤陋寡闻，还包含任性的性别敌视。”

一开始弗吉尼亚不在乎这些攻击。她期盼着它们。她为自己的所为感到骄傲。在看完第一篇书评后，她在日记里写道：“我想我会让她们恼羞成怒——这帮可怜的老娼妓。”“我已经证明了我的观点，我的书被严肃地对待，而不是像我害怕的那样被当作一种华丽的空谈给打发了。”内莉·塞西尔（Nelly Cecil）、荣达夫人（Lady Rhodda，激进的女权主义者）[2]、内奥米·密契森（Naomi Mitchison）、埃米琳·劳伦斯（Emmeline Pethick Lawrence，妇女选举权运动的元老），当然还有埃塞尔·史密斯（“你的书如此精彩让我热血沸腾”），都因为弗吉尼亚为她们发声给她写了感谢信。布卢姆斯伯里因为这本书略感尴尬。凯恩斯称其为“一篇愚蠢的辩论，而且写得也不好”，书的第一部分确实如此，而第二部分的行文风格则雄辩又优雅，在处理上很有男子气概。伦纳德第

① 奎尼·利维斯（1906—1981）：英国文学批评家、散文家。
② 荣达夫人（1883—1958）：威尔士女贵族，主张妇女选举权的活动家。

一次看的时候“严肃地赞同”（弗吉尼亚的日记），并觉得它是“特别清楚的分析”，但两个月后弗吉尼亚透露这不是他的真实意见，“我没有如我希望的那样从伦那儿得到太多的赞扬”，而伦纳德在回忆录中对此也未作评价。一直到1938年12月，弗吉尼亚写道：“没有一个朋友提起它”（事实并非如此），“我广泛的交际圈扩大了，但我仍不知道这本书真正的优点是什么”。

奇怪的是，让她奋起抗辩的人是维塔。她曾写信给弗吉尼亚：“你在逗弄读者，上一刻你还在用亲切友好的行文使人们沉迷，而下一刻你却用误导性的观点激怒了他们。我带着愉悦的心情看你的书，尽管有百分之五十的内容让我看了想喊，‘哦，但是弗吉尼亚……’”弗吉尼亚回答：“当你说你被我‘误导性的观点’所激怒，我想问你，这是什么意思？如果我说，我不同意你对圣女贞德这个角色（在维塔最近描写她的书里）的塑造，这是一回事，但如果我说，你关于她的论点有‘误导性’，我是不是说维塔为了产生一种明知不真实的效果，编造了事实？”不幸的是，这确实非常贴切地表达了维塔的意思，就像维塔的那本《三枚几尼》所显示的，那上面写满了感叹号和批注。但维塔回复：“我从未有一刻怀疑过你写的事实，只不过在某些地方不赞同你从这些事实得出的推论……举个例子来说，你暗示争斗是女性不可能与男性分享的一种性别特征，但的确有许多女性极度好战并怂恿她们的男人去打仗不是吗？”对此弗吉尼亚没有作出回复。这是她和维塔唯一的一次争吵，但并没有因此留下永久的伤痕。

第十三章

霍加斯出版社仍然在扩展版图，但还没有增长到独占他们时间的规模，或是将其暴露在出版巨头的收购视野中。1938年，在短暂离开霍加斯一段时间后，约翰·莱曼成为与伦纳德地位同等的合伙人，他以三千英镑买下了弗吉尼亚的一半股份，并带来了由他创办并担任编辑的文学杂志《新写作》(*New Writing*)，这本杂志与霍加斯的风格完美匹配。一开始，这种合作关系进展得并不顺利。签协议时，莱曼提议他们应该喝一杯庆祝这一大事件，而伦纳德却冷酷地回答他只有冷水可以喝。紧接着弗吉尼亚拒绝了莱曼所写的小说，他们也不同意出版昆汀正在编辑的由朱利安创作的诗歌和散文的纪念集。也难怪弗吉尼亚向瓦奈萨抱怨，“约翰就像一个晚礼服背后有个大洞的老处女一样敏感易怒”，但造成麻烦的原因除了约翰本身敏感易怒，还有伦纳德不愿意与别人分享对出版社的控制权。尽管如此，莱曼一直是伦纳德的合伙人，直到1946年他离开霍加斯创建自己的出版公司。

回顾过去，霍加斯出版社是一个伟大的成功。任职于威廉与玛丽学院（William and Mary College）的威利斯（J. H. Willis）教授以颇为赞扬的语气写出了霍加斯的历史，在结尾的一章，他画了一张资产负债表，说明他首先是把霍加斯当作一桩生意，然后才考虑其对英国文学的贡献。直到1928年，他们出版了第三十六本书的时候，出版社的年利润才超过一百英镑。利润在1930年跃升到一个高峰，两千三百七十三英镑（《爱德华时代的人》出版那一年），在1937年随着《岁月》的出版增长到两千四百四十二英镑。毫无疑问，弗吉尼亚、维塔和著名的精神分析学家西格蒙德·弗洛伊德（Sigmund Freud）是主要的摇钱树。至于其出版物，威利斯非常公正地总结："弗吉尼亚九部主要的虚构和非虚构作品，T. S. 艾略特的两部诗歌，弗洛伊德最著名的八本书的翻译版，和五卷本的里尔克（Rainer Maria Rilke）① 让霍加斯出版社成为重要的出版商，就算其他什么都没出版。"在弗吉尼亚有生之年，他们出版了四百七十四种书，对两次世界大战之间的英国精神生活作出了令人钦佩的贡献，但奇怪的是除了弗吉尼亚本人，他们没能吸引到其他布卢姆斯伯里的主要作者。福斯特、斯特雷奇、凯恩斯和弗赖全是和大型出版商签的约，而艾略特和普劳默则在弗吉尼亚让他们成名之后就立即抛弃了霍加斯。弗吉尼亚完全

① 里尔克（1875—1926）：奥地利诗人，生于布拉格，对西方现代文学有巨大影响，著名诗作有《祈祷书》《杜伊诺哀歌》和《献给俄尔甫斯的十四行诗》等。

是出于对伦纳德的忠诚才在这么长的时间里承担了如此重大的职责，而约翰·莱曼作为合伙人的出现，大大减轻了他们的负担。

约翰接受任命两个月后，伦纳德和弗吉尼亚去了苏格兰度假。除了1931年去过一次格拉斯哥，这是弗吉尼亚又一次也是最后一次到苏格兰旅行。在驾车往北的路上他们发现了尚无其他游客造访过（弗吉尼亚是这么认为的）的英格兰地区，特别是诺森伯兰郡那些更显荒芜的地方，哈德良长城（Hadrian's Wall）蜿蜒穿过沼泽。"罗马人曾经看过的景致，我看到了，"她写道，"连绵数里的熏衣草掩映下的寂寥。"在高地她被震撼了，与她在爱尔兰，土地的空旷、人民的贫穷和兰西尔（Landseer）风景的惊鸿一瞥所带来的震撼一样："这里有一个湖，水面倒映着树影，我想这景色美到了极致：是否能用语言来表达，我的狂喜，我怀疑。"但她是在给埃塞尔写信的时候这么说。给瓦奈萨写信的时候，她控制了对这种快乐的表达，想着瓦奈萨的品味远在这些兰西尔人之上，而这样的狂喜会让她厌倦。

回到苏塞克斯之后，弗吉尼亚一直在应付由《三枚几尼》引发的不断反响。她又一次同时开始了两本新书，罗杰·弗赖的传记和《鲍恩茨府》(*Pointz Hall*)(后更名为《幕间》[*Between the Acts*]出版)。她发现写小说比写传记要愉快得多，从“一丝不苟的事实”(弗赖传)切换到“狂野的想法”(鲍恩茨)。她仍旧为如何处理弗赖那发了疯被关起来的妻子海伦还有他与瓦奈萨的感情纠葛而忧心忡忡。“我该怎么写你呢？”她问瓦奈萨。她是应该写出事实还是作出妥协？“请给我一些意见：如何处理爱情以便让我们大家都不会脸红。”瓦奈萨回答：“我希望你不介意让我们大家都脸红。这不会造成任何伤害，而且不管怎么说，没有一个人的难为情会持续太长时间……唯一重要的是说实话，为了更年轻的一代人。”尽管有这一番无懈可击的布卢姆斯伯里宣言，弗吉尼亚还是妥协了。在书中她将瓦奈萨—罗杰的关系称作“他们的友谊”。

这就像是对付炉火上同时煨着的三口锅，弗赖传记和《鲍恩茨府》轮流用大火烧开，而《三枚几尼》则用小火慢炖。后者给她造成了最多的麻烦，除了招致潮水般的评论和信件，弗吉尼亚还要面对：现实追上了假说——对于一触即发的另一场欧洲战争她该如何回应？

1936年，她介入了一场名为“为了知识自由”(For Intellectual Liberty，简称FIL)的运动。运动的成员经过层层筛选（赫胥黎、威尔斯、福斯特、G. E. 穆尔、吉尔伯特·默里［Gilbert Murray］[1]、伦纳德·伍尔夫），但是目标并不确定，因为它宣称有“为了保卫和平、自由和文化而联合采取行动的需要”，却并未就采取哪种行动达成一致，除了针对政府提出了一个模糊的请愿，要求放下武器并签署一个全球的和平协议。面对墨索里尼征服阿比西尼亚，希特勒占领莱茵兰（Rhineland）和奥地利，两个独裁者都介入西班牙内战，这样高谈阔论的宣言看起来似乎反应不够激烈。英国和法国是备战还是放弃备战？是抵抗独裁者还是向他们投降？FIL 主席赫胥黎是一个彻底的和平主义者，以打算移居美国为借口辞去了职务，而他的副手伦纳德，为了截然相反的原因也正要辞职，他没能劝服 FIL 或工党——他仍是工党国际委员会秘书——支持重整军备，而这是让独裁者暂时停手的唯一对策。“直到老鹰真的用喙啄到他们的肉，”他哀鸣，“他们才会面对即将发生战争的事实。”保守党员甚至更糟糕。“他们和墨索达成了肮脏的协议，还称之为和平。”

① 吉尔伯特·默里（1866—1957）：英国古典学者，曾任牛津大学希腊语钦定讲座教授，用押韵诗句翻译古代希腊戏剧，著有《希腊史剧的兴起》《希腊宗教的五个阶段》等。

他曾用他最塔西佗（Tacitus）式[①]的风格给朱利安·贝尔写信。英国应该迅速恢复重整军备的状态并加入广泛的反法西斯联盟，包括一个英苏的军事协议。大国必须联合起来保护弱小的国家。这是20世纪30年代末伦纳德时常提及的主题和他的书《门口的野蛮人》（*The Barbarians at the Gate*）所传达的信息。这与《三枚几尼》相悖，弗吉尼亚在其中宣称自己是“局外人”，与这种男性的愚蠢毫不相干。

对弗吉尼亚而言处境很艰难。她生活的两大关注点——支持伦纳德和反对他最珍视的信念——形成了冲突。她写了封信给《泰晤士报》，恳请对西班牙民主人士进行“同情的救济”，并以FIL的名义给首相内维尔·张伯伦发了一封电报，“在墨索里尼的部队撤离西班牙之前对其进行强烈谴责”。这样做足够安全。既不感性也没有提及重整军备。在1936年圣诞节前夜从僧舍寄给珍妮特·凯斯的一封信中，她表达了自己的真实感受：

① 塔西佗（56—120）：古罗马元老院议员，历史学家，曾任行政长官、执政官、亚细亚行省总督。主要著作有《历史》《编年史》，分别记述68年至96年及14年至68年的史实，现仅存残篇。

我和伦纳德坐在火堆前为他的书（《洪水之后》）查阅历书，那只黑白相间的西班牙猎犬趴在他身边的专属篮子里。我很高兴把他从那些无休无止的会议前拉开——工党、费边社研究、知识自由、西班牙医疗援助——哦，天哪，他们完全侵占了他——他是怎么能和那些脏兮兮、语言粗野、思想激进、面目可憎、完全不切实际但无疑带着善意的慈善家共处那么长时间的？我要是他，十分钟之后就该朝他们扔烤箱了。

佛朗哥在西班牙取得的胜利从实际上终止了 FIL 运动，而弗吉尼亚尝试面对现实。起初，她把希特勒当作“一个滑稽的小个子男人”不加理会，而后者通过广播在罗德麦尔的花园回放的演讲就是疯子的满嘴胡话。但之后《慕尼黑公约》让她陷入两难境地。“如果这是战争，那么每一个国家加入战争，接着便是一团混乱。但这是一场无望的战争——我们知道什么时候获胜毫无意义。”但是一周后，她又换了说辞：“整个欧洲都在希特勒的掌控之下。他下一步要吞下哪个国家？”就像她的绝大多数同胞一样，她的心理很矛盾。除了用更大的邪恶来抵御邪恶还有他途吗？如果英国和法国加入战争拯救捷克斯洛伐克，我们也要让我们的人民卷进来吗？我们会赢得胜利吗？甚至连在危机之时差点儿在伍尔夫家门口露宿的金斯利·马丁也得出结论："波希米亚前线的战略价值不应成为一次世界大战的理由。"所以，这个在慕尼黑签署的不光彩的协定，几乎给了希特勒他想要的全部（他夺取了剩下的领土），也让所有人大大地松了口气。弗吉尼亚给身在法国的瓦奈萨写信，描述了堆筑工事、开挖战壕、分发防毒面具，计划把孩子们从伦敦疏散，信中混杂着兴奋和绝望的情绪。平静下来之后，她向埃塞尔·史密斯总结她的情绪是"恼怒和羞愧的残留物，凌驾于全然懦弱的恐慌解脱之上"。伦纳德认为慕尼黑公约意味着"六个月不体面的和平"。如果说弗吉尼亚从未澄清她的思路，这不公平。她的和平主义以及随之而来的《三枚几尼》的中心论点，已经因为接连发生的事件有所改变。战争在一年之后打响，当弗吉尼亚表露出她的恐惧时，伦纳德对她说"是的，但现在它来了，在战争中获胜总好过被打败"，弗吉尼亚无言以对。战争只有通过战斗，方能取胜。

大战前夕，更多的朋友和亲人相继离世了。在利顿、卡林顿和罗杰·弗赖之后，弗吉尼亚又失去了乔治·达科沃斯、凯·阿诺德—福斯特（Ka Arnold-Forster）[1]、珍妮特·凯斯、查尔斯·桑格（Charles Sanger）、马克·格特勒（Mark Gertler，自杀）[2]、伦纳德的母亲、杰克·希尔斯还有狨猴米兹（和杰克·希尔斯同一天）。如以往一样，她需要伦敦带给她活力。她时不时地抱怨社交生活减少了，就连和科尔法克斯夫人共进午餐都是愉快的。科尔法克斯夫人在人选物色上很是无情，以至于那些受邀者的配偶如果令她觉得无趣也会被排除在外，这遭到了她的座上宾们的嘲笑，但她的舞会都是精心策划的。1938年11月，就在这样的一个场合，弗吉尼亚遇到了麦克斯·比尔博姆（Max Beerbohm）[3]、萨默塞

① 凯·阿诺德—福斯特（1887—1938）：画家、公共活动家和园艺家威廉·阿诺德—福斯特的妻子。

② 马克·格特勒（1891—1939）：英国画家，擅长人物、肖像和静物画。他曾经疯狂地追求过多拉·卡林顿，1939年，他在伦敦的工作室开煤气自杀。

③ 麦克斯·比尔博姆（1872—1956）：英国漫画家、作家，1898年继萧伯纳为《星期六评论》戏剧评论员，主要作品有《二十五个绅士的漫画》和长篇小说《朱莱卡·多布森》等。

特·毛姆（Somerset Maugham）[①]和克里斯托弗·衣修伍德（Christopher Isherwood）[②]，一开始她小心谨慎地把对他们的印象记在日记里，紧接着就尖酸刻薄地写信给瓦奈萨：比尔博姆是“一个讨人喜欢的人，脸色红润，表面上天真无邪但实际上很狡黠，还有满脑子快活的幻想”，毛姆是一个“严厉的人，一双鼠目，死人一般惨白的脸，胡子拉碴，我要是在公交车上遇见他肯定以为他是罪犯”，衣修伍德“看起来很渴望参与娱乐，但又非常敏感、高深莫测，还很警惕”。从舞会离开的时候，毛姆对她说了一番关于衣修伍德的话，暗示“那个年轻人手中掌握着英国小说的未来”。这番话多少有些失了分寸，弗吉尼亚却似乎没有见怪。

她和西格蒙德·弗洛伊德也见了面。从1924年起霍加斯出版社就一直是他在英国的出版商，而他现在是来自奥地利的难民，住在汉普斯特德（Hampstead）。1939

---

① 萨默塞特·毛姆（1874—1965）：英国著名小说家、剧作家、散文家。他的作品常以冷静、客观乃至挑剔的态度审视人生，基调超然，带讽刺和怜悯意味，著有长篇小说《人类的枷锁》《月亮和六便士》等。

② 克里斯托弗·衣修伍德（1904—1986）：美籍英国作家，因写关于希特勒上台时的柏林的小说《诺里斯先生换乘火车》《告别柏林》闻名，曾与W.H.奥登合写日记《战地行纪》，记载1938年周游中国的见闻。

年1月，伍尔夫夫妇前去探望他，和他喝下午茶。这次拜访并不十分成功。弗吉尼亚形容他“焦虑、干瘪、老态毕现（其实也就八十二岁），有一双猴子般明亮的双眼，痉挛性的动作，口齿不清，但很机警”。他有一套旧世界的礼仪（他郑重其事地向弗吉尼亚献上一朵水仙花），而伦纳德对他的印象，是他“非常和善，在这种和善背后隐藏的是巨大的力量”。这次拜访后，他们没有再见过面。八个月后弗洛伊德死于癌症。

布卢姆斯伯里在弗吉尼亚生活中的重要性正在降低。她主要的通信对象仍是埃塞尔·史密斯、瓦奈萨和维塔，有意思的是维塔的大儿子本在战争爆发之后促使她写信给他回顾战争的意义。本曾经相当愚蠢地攻击过布卢姆斯伯里，特别是弗赖，因为这个群体对于法西斯主义和社会不公正的徒劳无用的立场。他写信给弗吉尼亚说他们一直生活在“傻子的天堂”。她喜欢本，也曾让他整理出一些弗赖的文章。她写了两封信回答他，其中有一封她少见地打了草稿也保存了下来，她辩护说布卢姆斯伯里已经尽力了。凯恩斯写了《合约的经济后果》，多年来伦纳德警告我们独裁者的威胁，她自己在莫利学院授课并致力于妇女选举权运动，还写了《三枚几尼》。他们还能够再做些什么？利顿通过他的书，邓肯和瓦奈萨通过他们的绘画作品，罗杰通过他的讲演，让人们在新想法面前睁开了双眼，并将他们从对文化的漠不关心中唤起。他们就应该变成积极的政治家吗？本他自己为此做了什么？他是一名艺术史学家，在肯尼思·克拉克（Kenneth Clark）[①]手下任国王藏画的副检验员。他的职业与弗赖相比就没有那么阳春白雪吗？艺术家不会也不能影响时事，她说。他们必须运用他们的天分来拓宽对艺术的理解和鉴赏。但是告诉那些十四岁就离开学校的人们应该享受莎士比亚又有什么用呢？她刚刚给布赖顿的工人阶级作了讲座，而且感觉到一道无法跨越的鸿沟，但她并不为此而感到羞耻。她给本的回复比他的攻击更宽容且有逻辑性，尽管很明显弗吉尼亚已经很愤怒了。在信的末尾，她一如往常地邀请他来罗德麦尔度假。

她对布卢姆斯伯里和其价值观的主要辩护，就是她所写的罗杰·弗赖传记，该书出版于1940年7月。她不喜欢罗杰的家人在她写作时的密切关注，令她有如芒刺

① 肯尼斯·克拉克（1903—1983）：英国作家、博物馆馆长、播音员，也是他那个时代最为知名的艺术史学家之一。1969年，他因为编写、制作并主持的英国广播公司电视系列片《文明》而赢得国际声誉。

在背，而且她写传记并不熟练。她也没有享受到像为弗吉尼亚·伍尔夫作传的那些人所享受到的好处——主要的工作已经由别人做了，日记被标上注解，书信被收集起来，赞成和反对的争论被妥当地整理好。但她深刻地了解她的写作对象，她与和他亲近的人关系密切，她因为他的魅力、他的智慧和他的毅力（她在传记中着重强调了这三个特质）而爱他，这三个特质使他成为那个时代举足轻重的人物。弗吉尼亚引用了朱利安·贝尔的观点，“他让别人在思想上分享他的快乐”，对此她深表赞同，这可能已被当作给布卢姆斯伯里全体的礼物。弗赖振奋了人们的精神，就像他说动商人接受欧米加的产品，告诉他们“是时候将趣味的精神引入家具和纺织装饰品了，我们已经受够了乏味和愚蠢的严肃”。他在后印象派展览上对观众致辞，根据弗吉尼亚的记载，他说“他害怕绘画的艺术在轻率中漫无目的地流转，然后走进死胡同。现在他确认艺术是活的，而当前是一个伟大的时代”。弗吉尼亚对弗赖性格和人生的描绘，有时候会引入自己对他的回忆，但只采用第三人称的口吻（“一个朋友”、“一个仰慕者”），行文时而严肃刻板，时而轻松愉悦。在众多对这本传记的评论中，她最欣赏的是 J. T. 谢泼德（J.

T. Sheppard）的评论，他说书中呈现的就是罗杰·弗赖而非弗吉尼亚·伍尔夫。但是伦纳德却很坦白地提出了自己的想法。他告诉弗吉尼亚这本书太客观了，“它只是分析，而不是历史”。这是他第一次如此直接地批评她的作品。弗吉尼亚在心情郁闷时，就会觉得这根本不是一本书，而是“在布置一个小陈列室”。

第十四章

不管工作多么紧迫，伍尔夫夫妇从未放弃他们每年的休假，1939 年 6 月他们开车去了诺曼底和布列塔尼（Brittany）旅行，以非英国的视角发现了一些新的乐趣，比如一个伪装成城堡的白色农舍或是一名为渔船祷告的主教。返回伦敦之后，他们被迫离开了他们已经住了十五年的塔维斯托克广场 52 号，因为估计它会被毁（果然 1940 年被德军炸弹击中），然后带着霍加斯出版社和所有的文件搬到了仅仅几个街区之外的梅克伦堡广场 37 号。这次搬家因为战争的爆发而受到阻碍，直到 10 月他们才住进去。

就在弗吉尼亚完成对《罗杰·弗赖》的修改的同时，伦纳德出版了《洪水之后》的下册，同时弗吉尼亚也在为美国的杂志写文章，那篇著名的《拉宾和拉宾诺瓦》（"Lappin and Lapinova"）即出于此时。尽管这时他们手头已经相当宽裕，但伍尔夫夫妇对购买小的奢侈物品（"我应该用掉八分之一的钱来买剪刀吗？"弗吉尼亚会在心中思量）或借钱给别人造成超支，仍旧很紧张。就是这种日常需要促使他们扩大收入来源——因为伦纳德挣得非常少——这也解释了弗吉尼亚为报刊大量写稿的原因。人们倾向于认为她是每隔四五年出版一本新书的小说家，但事实上，除了她在世时出版的《普通读者》第一辑和第二辑外，她的批判性文章在她去世后又出版了三卷本，而她的短篇小说也占了厚厚的一本。此外，霍加斯出版社在1939年秋天发行了她的小册子《往事杂记》(*Reviewing*)；她在拒绝了剑桥大学享有盛誉的克拉克讲座后，花费了好几个星期为工人教育协会布赖顿分会准备了一个有关现代文学的讲座，后来以《倾斜的塔》（*The Leaning Tower*）为题出版。《鲍恩茨府》当时被放到了一边。她也开始动笔写自己的回忆录，但在去世之前都没有进展。

1939年9月3日，英国和法国对德国宣战，当时他们正住在僧舍，那个有记录以来最冷的一个冬天的大部分时间他们都住在那里，偶尔会去几次伦敦。起初，弗吉尼亚因为“被本应去谈情说爱的年轻人所保护”而感到“无言的愤怒”。虽然战争在波兰被攻陷和1940年德国侵占挪威之间进入了僵持状态，她还是无法将自己与战争隔离开来。伦敦的孩子和怀孕的母亲们被疏散到罗德麦尔（但不是僧舍），霍加斯出版社的职员轮流在这里度过安静的周末，村舍的窗户都被涂成黑色以避免德军飞行员将它们标为居住地，工党每周要召开会议讨论最近的事态。有时候，就如她给埃塞尔·史密斯的信中所写的，似乎“乡下有一种平静包围着我，就像奶酪包裹着一只老鼠”。但是在伦敦，“你永远无法躲开战争。街上没有几辆公交车。地铁关闭了。没有孩子。没有人闲逛。每个人都背着一个防毒面具。紧张兮兮，面无表情。到了夜里，气氛是如此的惨绿和阴郁，你不禁会期待有一只獾或是狐狸沿着人行道逡巡。随着所有的一切陷入一片黑色房子构成的森林的空洞与寂静，这个国家仿佛返回到了中世纪”，她在日记里写道。

战争开始的第一个冬天，没有一场空袭，也没有地面战争。弗吉尼亚在信中对维塔说“当然，我一点都不爱国”，但是她向其他人透露的只言片语则显示她并不是完全漠不关心。比如，她写信给艾迪·萨克维尔－韦斯特：“我们全都感受到对战争的明显恐惧；但是，在德国有一大群未开化的野蛮人，我们表现得相对文明又有什么好处？”然后给艾德里安的小女儿朱迪思·斯蒂芬（Judith Stephen）写道：“我愈发确信我们的职责就是在希特勒的巢穴抓住他，然后哪怕只有一支旧钢笔，也要用笔尖戳他。”笔是她的，但是所谓的“抓捕”只能通过空袭。布卢姆斯伯里不再是和平主义者。甚至连克莱夫·贝尔在南唐斯散步时也在肩头挂一把来复枪。只有弗朗西丝·帕特里奇（Frances Partridge）和她丈夫拉尔夫仍对和平主义保持忠诚，他们在汉姆斯普瑞宅挂了一面和平主义的旗帜，而值得注意的是拉尔夫曾无比勇猛地在第一次世界大战中奋战过。在战争中的经验是他认为继任者在道德上站不住脚的主要原因。

每当外部世界发生重大事件时，比如巨轮沉没或俄罗斯入侵芬兰，弗吉尼亚都会在日记里记录她散步路上看到的一只翠鸟之后，不经意地提上一句。她的情绪忧郁而低沉，因为3月袭来的一场急性流感而更加消沉。然后到了1940年5月，没有人能再过受庇护的日子了。法国被德国军队扫平了，英国军队扔下武器就从敦刻尔克（Dunkirk）逃走，并且被驱逐出挪威。在5月25日的日记中，弗吉尼亚罕见地作了一段基本符合事实的战略判断："德国人看起来年轻、精力充沛、有创造性。我们沉重地缓缓地走在后面。"她的信中很少提到这些灾难，就像简·奥斯丁在坎特伯雷附近的哥哥家做客时给她的姐姐卡桑德拉写信，从没提及拿破仑的军队从布伦整装待发准备入侵。但是在弗吉尼亚的日记中，她几乎每天都记录她的经历和情绪反应，看她的心境如何随着危机的程度而变化是一件很有意思的事。她在7月写道:“我不喜欢战争所滋生的任何感受:爱国主义;全部都是对真情实感的感性和情绪化的拙劣模仿。”当她看见从法国撤退的士兵穿过苏塞克斯,她觉得把他们形容成英雄真是滑稽可笑。但是在英格兰南部上空进行的空战,她是直接的目击者——空战甚至就在她面前、在僧舍的花园里上演,德国飞机飞得很低,她甚至能看见他们尾翼粉刷的纳粹十字标志——她对他们升起了一腔仇恨。看到一中队英国战斗机飞到海上去拦截德国空军的一次空袭后,她写道:“我几乎本能地祝福他们好运”,她像是为自己的情绪感到吃惊。在那个时刻,她很高兴和他们同属一个民族。对于丘吉尔,她无法抑制某种仰慕之情。她认为他就迫在眉睫的侵略发表的演讲是“一场表述清晰,慎重的、强有力的讲演”。对弗吉尼亚而言,将对苏塞克斯乡间的爱和对英格兰的爱等同起来非常自然,以至于她彻底改变了曾经告诉维塔的“她心中一丁点儿爱国主义都没有”的说法。伦敦也牵动着她的心。“你对从衡平法院街(Chancery Lane)到伦敦城之间的某些小路和小广场有那种感觉吗?”她问埃塞尔,“不久前的一天,我步行去了伦敦塔,以此来表达我对所有那一切的爱。”对于普通民众，她感觉到了一种她从前很少承认的亲切。1940年9月，她又一次写信给埃塞尔：

> 我看见一大片废墟，就像一个被压扁的火柴盒，原来这里曾是一幢老房子，我向伦敦挥手。我发觉了一件奇特、令人愉悦又非同寻常的事——这场战争创造了喜爱，对每一种人的喜爱：烧炭工、商店小老板，更值得注意的是，对政治家的喜爱——起码对温斯顿（丘吉尔）如此——还有在这儿（罗德麦尔）穿着粗花呢外套、口音纯正、个性无聊却带着糟糕的良好感觉的女人们……我差一点就对人类丧失了信心，部分是因为我在写罗杰传记的时候浸泡在艺术家的妒忌和虚荣的脏水中。现在希望又一次复苏了。

在侵略威胁达到白热化时，伍尔夫夫妇定期往来于伦敦和乡下。罗德麦尔离纽黑文港（Newhaven）仅仅三英里，这个南海岸港口是英国情报部门预计德国要登陆的地方（很准确，这是第九军的进攻重点，而伞兵部队应该会在唐斯着陆），而伦纳德知道一旦被抓，他们俩会因为他的犹太人和知名反纳粹积极分子的身份而被送到盖世太保那里，因此他为他们俩随身携带了一份致命剂量的吗啡，并在车库准备了足够分量的汽油，一旦德国人登陆就点燃汽油，窒息而死。但他们仍然保持了超凡的冷静。伦纳德在他的自传中写道："我自己从未感觉到恐惧，也没有看到任何其他人感觉到恐惧。"而经历了那个相同历史时期的我，虽然觉得这句话没什么可信度，但是弗吉尼亚确实在头顶上方进行的空战中看见了某种美和兴奋。"这相当的可爱，"她给约翰·莱曼写信，"看着（探照）灯追踪沼泽中德军的踪迹。"而当炸弹炸开乌斯河堤从而使洪水一直蔓延到僧舍时，她没有想到这降低了此时被侵占的可能性，却想起了威廉·莫里斯（William Morris）[①]的诗《洪水中的干草堆》（"The Haystack in the Floods"）。当四颗炸弹在附近的田野里如宝石红色的郁金香一般炸开花时，她吹嘘在查尔斯顿躲避战争的瓦奈萨肯定会嫉妒她。

就是在1940年那个漫长的春夏之交，《罗杰·弗赖》

① 威廉·莫里斯（1834—1896）：英国诗人、画家、工艺美术家，1884年组织了社会主义联盟，后创办凯尔姆斯特出版社，主要作品有诗集《地上乐园》《社会主义歌集》，散文《乌有乡消息》。

出版了，这本书的销售滞缓。在军事危机面前，《罗杰·弗赖》便可有可无了。弗吉尼亚继续《鲍恩茨府》的写作工作，在某一时刻她曾描述这本书“比罗杰传更要耗神费力”，但是在11月收尾的时候，她在日记中写道：“我几乎享受每一页的写作过程。”没有什么比写作《岁月》时所承担的压力更让人难挨。她甚至觉得家务活都令人愉悦。在唯一的住家女佣走了之后，她第一次享受着不受仆人打扰的自由，并且在一名村妇路易·埃弗勒斯特（Louie Everest）的帮助下开始烹调他们贫乏的配给口粮。路易在弗吉尼亚死后多年，仍住在伦纳德那里。弗吉尼亚还加入了村里的妇女研究所，并成为财务主管。那段时间的生活令人难以置信地愉快，弗吉尼亚偶尔会去几趟伦敦，还在巴黎沦陷那天和维塔去了潘舍斯特广场远足。有时候家里还会有访客过夜，像是麦卡锡夫妇、G. E. 穆尔、伊丽莎白·鲍恩。

梅克伦堡广场还完好无损的时候，他们还有可能在那里住几天。到了9月，一枚炸弹炸碎了他们街对面的一幢房子，而另一枚没有引爆的炸弹则让他们无法靠近自己的房子。炸弹爆炸十天后，37号楼的天花板掉了下来，这个公寓不能住人了。10月又轮到了塔维斯托克广场 52 号。整栋房子被夷为平地，邓肯的壁画挂在冒烟的缝隙上，但是这并没有引起更多的心痛，因为他们没能把房子转租出去而且仍然在付房租，现在对一个不复存在的房子收房租是不可能的。“我们看到一堆废墟，”弗吉尼亚写道，“松了口气。”

他们艰难地把东西从梅克伦堡搬到了乡下，爬上摇摇欲坠的石膏板取下他们被水浸湿的书和文章，然后在罗德麦尔租了几间房子来暂时存放这些东西。约翰·莱曼把霍加斯出版社和员工搬到了赫特福德郡的莱奇沃思（Letchworth），伍尔夫夫妇在 1941 年 2 月去那里看望过他。但是弗吉尼亚是在僧舍度过的她人生的最后几个月，那也是德国“闪电战”放缓速度的几个月。他们生活在相对的平静之中。弗吉尼亚的女性主义本能又复苏了。在一次面向工党乡村分部的关于女性和战争的演讲中，她提出战争发源于“男子气概”而男子气概又催生了“女性气质”。“两者都是那么可憎，”她写信给西蒙夫人（Lady Simon）[①]，“但是我被当作娼妓般遭到了冷眼。”

那些村民被改名换姓，成了《鲍恩茨府》中的人物，

---

① 西蒙夫人（1883—1972）：全名谢娜·多萝西·西蒙，英国政治家、教育改革家。

1939年的弗吉尼亚，这张照片是吉塞勒·弗洛恩德（Gisèle Freund）不顾其强烈反对拍摄的。她写信给维塔："我非常生气。那个邪恶的女人吉斯勒（拼写错误）·弗洛恩德平静地告诉我她正在展出那些该死的照片——而我抗议说她不应该这么做。我痛恨被摆在一根棍子顶上让所有人盯着瞧。"实际上，这是她最好的一张照片。（©IMEC，Fonds MCC，Dist. RMN–Grand Palais）

弗吉尼亚在修改的最后阶段将其更名为《幕间》。在小说中，她尝试将历史与事实相混合，故事只发生在一天内，和《达洛维夫人》一样，但是和《奥兰多》一样追溯到好几个世纪之前。这种写作方式使得一个乡村露天表演作为本书的中心事件成为可能，每一幕都由村民来表演。在不熟稔的虚幻世界中，他们刻画了从伊丽莎白女王时代一直到今天的英国角色。小说和这场露天表演本身一样野心勃勃。这是仅有的一次弗吉尼亚尝试把古老的对话形式和现代的乡村语言结合起来，并且描绘了从鲍恩茨府（露天表演的上演地点）的主人到乡巴佬的不同阶级的交会。小说也有更深层次的意义。她正在探索生命的精神意义，以及文明是如何由像我们自己这样的小人物创造的。她传递的信息对读者来说就像露天表演对它的观众一样，令人迷惑不解。可能弗吉尼亚也明白这一点。我们都知道她意图进一步修改。可以想象的是，她可能会把喜剧的基调调暗以便更清晰地揭示这场悲剧，而她的人物无论是在自己说话还是作为象征在发言，她都会写得更明白。我们没法肯定上述这些推断。伦纳德在弗吉尼亚去世后出版了这本书，并谨慎地标注：“我相信，她不会作任何大的或实质性的修改。”

第十五章

1941年1月25日，弗吉尼亚·伍尔夫已经五十九岁了。她没有因为年龄的增长而遭受耳聋或是记忆衰退这些常见的老年病的困扰。而且尽管她告诉好几个人她的双手开始颤抖，她的手稿并没显现出这一迹象，一直到生命的最后她的手稿都字迹清晰，容易辨认。她的信件是欢快的，她写给维塔的那些信尤其深情款款，就好像她正在乞求重新开始她们的爱情："我多想从你自己的双唇中听到你在为什么担忧——因为你将永远不能摆脱我——不！""我是多么的依赖于你，而且留意任何那些惹恼你或是伤害你的话语。"她又说："还能说什么——除了我爱你，而我要度过这个奇怪、寂静的夜晚，心里想着你一个人独坐的情景。"她们因为战争的体验而重新聚在一起，她们的邻郡——苏塞克斯和肯特——面对侵略都不堪一击，而她们上方的天空被同样的战斗机所割裂，维塔有一次不顾汽油配给的限制去了罗德麦尔。2月17日，她在那儿住了一晚上，并在乡村妇女研究所就她在波斯的旅行作了演讲。这是这两个女人的最后一次会面。

弗吉尼亚在生命几乎走到尽头的时候，还能够进行许多快乐和繁重的工作。在她去世后，伦纳德发现她为斯雷尔夫人（Mrs. Thrale）[1] 的传记写的评论有八稿之多，这是她最后的评论文字，而且在修改《幕间》的时候，她还在寻开心地写着她的文学史《佚名》（*Anon*）。她享受家里的杂活——做黄油、拍打地毯、排列摆放书本——而来访的客人也没有发现她行为举止有什么异常。伊丽莎白·鲍恩在那年2月在她家住了两晚："我记得她跪坐在地板上——我们正在用粗针缝补房间里一幅被撕坏的西班牙窗帘——她踮坐在脚后跟上，头向后仰，探进一抹阳光中，早春的阳光。然后，她高兴地大笑起来，笑到哽咽，发出猫头鹰一般的声音。这就是留在我心里的记忆。"

她的日记提供了一些平静的表象下隐藏的抑郁的迹象。1月26日，她写道她处在"绝望的低谷"，但似乎很短暂；3月8日，她写道"我的意气消沉"，但"我应克服这种情绪，而我将随着飞翔的颜色平静下来"。各种各样的事情导致了她的抑郁。战争，当然还有在春天卷土重来的侵略威胁；她位于伦敦的两处住所被炸毁；基本食物的配给供应；旅行的困难；安杰莉卡和戴维·加内特（后

① 斯雷尔夫人（1741—1821）：英国女作家，塞缪尔·约翰逊的密友，著有《已故塞缪尔·约翰逊博士最后二十年间生活轶事》等。

来她嫁给了他）的感情纠葛，因为他们的年龄差异，弗吉尼亚觉得这段感情“奇奇怪怪”。更重要的是她身为作家对于失败的恐惧。伦纳德对《罗杰·弗赖》的批评可能还令她难以释怀，但主要是《幕间》让她心焦。她觉得这本书很愚蠢，不值得出版。她在12月底告诉她的新医生奥克塔维亚·威尔伯福斯（Octavia Wilberforce），这是“一本彻头彻尾毫无价值的书”，而她对它的失望在她人生的最后几个月从未离她远去。虽然伦纳德真心地赞扬了这本书，觉得它“比她写的任何作品都要好”，但正如他对她的美国出版人唐纳德·布瑞斯所说的，弗吉尼亚坚持如果不取消出版就要做大范围的修改——这不是她完成一本书的通常反应。这是更糟糕的某些事情。她感觉到了她创作能力的一种衰退。“我已经丧失了对语言的所有掌控能力，”她告诉威尔伯福斯医生，“我对它们无能为力。”如果她再也不能理解周遭世界的轮廓或者再也不能描述它，活着还有什么意义？不管怎么样，谁还在意战争时期出版的书？“我发现写下去很困难，”她告诉另一个朋友，“没有读者。没有关乎个人的刺激，只有外界的一片喧闹。”在这个时刻终止她的生命就好像写下一本书的终章：拥有某种艺术的完整性。

她的亲人和密友只有在事后回忆时，才察觉到这场不幸的蛛丝马迹。瓦奈萨“从未怀疑过有危险”。维塔和埃塞尔·史密斯觉得弗吉尼亚受到战争的影响不如她们大，而她的信没有给她们其他线索。伦纳德在他的自传中说他“1941年年初之前都没有任何预感”，直到1月25日弗吉尼亚才显露出“严重精神错乱的初兆”。她开始产生幻听。她吃饭，但是只吃一丁点儿。根据已经成为她最亲密知己的威尔伯福斯医生的建议，她应该停止工作，留给自己一些空间。她需要休息，并且在战争时期限量配给允许的范围内，有正常的饮食。弗吉尼亚没有留心这些警告。她感觉她又要发疯了，而且尽管清楚地知道以前休息一段时间就能痊愈，但她确信这次不可能会恢复了。在她神智仍清醒的时候去死，好过于成为别人的累赘苟延残喘。但是没有人可以与她讨论这件事。如果她对伦纳德、瓦奈萨甚至威尔伯福斯敞开心扉，他们肯定会限制她的人身自由以防她伤害自己。她必须从他们那里逃开，用木已成舟的事实来面对他们。

她自杀后留下了三张字条。我和乔安娜·特劳特曼面对它们沉思了很长时间（原件现存于大英图书馆），并得出与伦纳德和昆汀·贝尔不同的结论，他们认为她是在自杀那一天写下了全部三张字条。从这些信本身我们知道她是在1941年3月18日尝试第一次自杀。她回到僧舍时身上淌着水，然后告诉伦纳德她不小心掉进了水沟。伦纳德没有发现她留给他的信，所以丝毫没有怀疑。这是三封信中最重要的一封：

星期二

最亲爱的，我确信我又要发疯了：我感到我们无法再一次经受那种可怕的时刻。而这一次我也不会康复了。我开始出现幻听，而且不能集中注意力。所以我正在做我能想到的最好选择。你已经给予我可能享有的最大幸福。在每一个方面你都做到了任何人所能做的一切。我觉得没有哪两个人能比我们更幸福了，直到这场可怕的疾病来临为止。我不能再抗争下去了。我知道我正在毁掉你的生活，没有我你就能够工作了。而且你会的，我知道。你看我甚至不能好好地写完这张字条。我没法阅读。我想说的是，我生命中的全部幸福都要归功于你。你对我一直是极其耐心而且难以置信的好。我要这样说——每个人都知道这一点。如果还有什么人能够拯救我，那就是你了。一切都已经离我远去，只有你的心依然如故。我不能再继续毁掉你的生活了。

我觉得没有哪两个人能比我们更幸福了。

写完这封信后，又过了十天。在日记里（她坚持写到3月24日），没有任何她已经做了什么或者打算做什么的线索。她给瓦奈萨写了一封差不多的信，却把它和给伦纳德的第一封信藏了起来，伪装着平静。虽然伦纳德意识到她可能处在一次重大精神崩溃的边缘，但他想如果打扰她，或者表现得像在监视，可能会逼她做出极端行为。3月27日，他不顾弗吉尼亚的意愿，还是说服她去布赖顿看威尔伯福斯医生，但是这次问诊没有得到太多结果。威尔伯福斯后来说自己没有预见到危险已经迫近，只是再一次劝告弗吉尼亚休息。同一天，弗吉尼亚告诉约翰·莱曼不要出版《幕间》："它太愚蠢而且太微不足道。"

第二天早晨，星期五，1941年3月28日，她像往常一样去了花园小屋，一个人在那儿待了一会儿后，她写了一封稍短一点的信给伦纳德，重复了第一封信中的感觉。她把这封信留在了小屋，把之前的两封信放在了房间里伦纳德容易找到的地方。大约正午时，她步行半英里去了乌斯河，把一块巨大的石头硬塞进她毛皮大衣的口袋里，然后投河自杀了。虽然会游泳，她还是强迫自己溺水。这肯定是一次恐怖的死亡。

伦纳德发现了她的字条之后，搜寻了河岸，然后看见她的手杖漂浮在水面上，但是她却不见踪影。毫无疑问发生了什么。他告诉了那天下午碰巧给僧舍打来电话的瓦奈萨，并且给维塔写了一封信："我不想你在报纸上看到或是可能从无线电里听到发生在弗吉尼亚身上的可怕的事情……"

维塔希望他们永远也找不到她的遗体，"我希望它被冲到大海里"。然而三星期后，在南易斯（Southease）的桥边，她溺水不远处，一群孩子发现了她，他们当时还以为这是被冲上岸的一根浮木。验尸之后，在伦纳德一个人的见证下，她在布赖顿被火化，而她的骨灰被安葬在罗德麦尔的花园里，《海浪》最后的几句话作了她的墓志铭：

> 我要纵身向你扑去，我永不认输，也永不屈服，哦，死亡！

伍尔夫作品

《远航》(*The Voyage Out*)，1915 年
《夜与日》(*Night and Day*)，1919 年
《雅各布的房间》(*Jacob's Room*)，1922 年
《达洛维夫人》(*Mrs. Dalloway*)，1925 年
《普通读者》(第一辑) (*The Common Reader* [First Series])，1925 年
《到灯塔去》(*To the Lighthouse*)，1927 年
《奥兰多》(*Orlando* : *A Biography*)，1928 年
《一间自己的房间》(*A Room of One's Own*)，1929 年
《海浪》(*The Waves*)，1931 年
《普通读者》(第二辑) (*The Common Reader* [Second Series])，1932 年
《阿弗小传》(*Flush* : *A Biography*)，1933 年
《岁月》(*The Years*)，1937 年
《三枚几尼》(*Three Guineas*)，1938 年
《罗杰·弗赖》(*Roger Fry* : *A Biography*)，1940 年
《幕间》(*Between the Acts*)，1941 年，在她去世后出版

上述所有著作，除了最初的两本《远航》和《夜与日》由达科沃斯出版社出版，其他都由霍加斯出版社出版。

参考书目

The Diary of Virginia Woolf, edited in five volumes by Anne Olivier Bell, assisted by Andrew McNeillie. 1977—84, Hogarth Press.

The Letters of Virginia Woolf, edited in six volumes by Nigel Nicolson and Joanne Trautmann. 1975—80, Hogarth Press.

Congenial Spirits. The Selected Letters of Virginia Woolf, edited by Joanne Trautmann Banks. 1989, Hogarth Press.

A Passionate Apprentice. The Early Journals 1897—1909, edited by Mitchell A. Leaska. 1990, Hogarth Press.

Autobiography by Leonard Woolf, in five volumes (differently titled). 1960—69, Hogarth Press.

Letters of Leonard Woolf, edited by Frederic Spotts. 1989, Weidenfeld & Nicolson.

Moments of Being, edited by Jeanne Schulkind (memoirs by Virginia Woolf). 1985, Sussex University Press.

Bell, Quentin: *Virginia Woolf*, A Biography, in two volumes. 1972, Hogarth Press.

——: *Elders and Betters*. 1995, John Murray.

Bell, Vanessa: *Selected Letters*, edited by Regina Marler. 1993, Bloomsbury.

Holroyd, Michael: Lytton Strachey: *The New Biography*. 1994, Chatto & Windus.

Leaska, Mitchell A.: Granite and Rainbow: The Hidden Life of Virginia Woolf. 1998, Picador.

Lee, Hermione: *Virginia Woolf*. 1996, Chatto & Windus.

Lehmann, John: *Thrown to the Woolfs*. 1978, Weidenfeld & Nicolson.

Sackville-West, Vita: *Letters to Virginia Woolf*, edited by Mitchell A. Leaska and Louise de Salvo. 1992, Hutchinson.

Spalding, Frances: *Vanessa Bell*. 1983, Weidenfeld & Nicolson.

——: *Duncan Grant*. 1997, Chatto & Windus.

Shone, Richard: *Bloomsbury Portraits*. 1976 and 1993, Phaidon Press.

——: *The Art of Bloomsbury*. 1999, Tate Gallery.

Willis, J. H.: *Leonard and Virginia Woolf as Publishers*. 1992, University Press of Virginia.

企鹅人生

Penguin Lives

乔伊斯	[爱尔兰] 埃德娜·奥布赖恩　著
简·奥斯丁	[加] 卡罗尔·希尔兹　著
佛陀	[英] 凯伦·阿姆斯特朗　著
马塞尔·普鲁斯特	[美] 爱德蒙·怀特　著
伍尔夫	[英] 奈杰尔·尼科尔森　著
莫扎特	[美] 彼得·盖伊　著
安迪·沃霍尔	[美] 韦恩·克斯坦鲍姆　著
达·芬奇	[美] 舍温·努兰　著
猫王	[美] 鲍比·安·梅森　著
圣女贞德	[美] 玛丽·戈登　著

书中未标注来源照片均为作者私人收藏。

图书在版编目（CIP）数据

伍尔夫 /（英）尼科尔森著；王璐译.
—北京：生活·读书·新知三联书店，2014.8
（企鹅人生）
ISBN 978-7-108-05015-1

Ⅰ.①伍… Ⅱ.①尼… ②王…
Ⅲ.①伍尔夫，V.（1882~1941）–传记
Ⅳ.①K835.615.6

中国版本图书馆 CIP 数据核字（2014）第 094303 号

总 译 审　胡允桓
策划编辑　刘　靖
责任编辑　郭晓慧
特约编辑　赵　轩
装帧设计　蔡立国　索　迪
版式设计　薛　宇
封面版画　莫舜雯
责任印制　卢　岳
出版发行　生活·讀書·新知 三联书店
　　　　　北京市东城区美术馆东街 22 号
邮　　编　100010
网　　址　www.sdxjpc.com
图　　字　01-2013-5901
经　　销　新华书店
印　　刷　北京市松源印刷有限公司
版　　次　2014 年 8 月北京第 1 版
　　　　　2014 年 8 月北京第 1 次印刷
开　　本　787 毫米 ×1092 毫米 1/32
字　　数　130 千字　　印张　8.25
印　　数　0,001—8,000 册
定　　价　39.00 元

印装查询：010-64002715
邮购查询：010-84010542